社会主义核心价值体系建设

"双百"出版工程

项 目

／**100**位

新中国成立以来感动中国人物／

陈景润

沈世豪／著

吉林文史出版社

前　言

每个人的心中都多少有一点英雄情结，都向往英雄、景仰英雄。也正因此，在中华人民共和国建国六十周年之际，由中央十一部委联合组织开展的"100位为新中国成立作出突出贡献的英雄模范人物和100位新中国成立以来感动中国人物"的评选活动中，群众参与投票总数近一亿。这其中的每一张选票，都表达了人们对英雄模范的崇敬之情，寄托着对伟大祖国的美好祝福。

一个民族不能没有英雄，否则这个民族就不会强大。当国家危难之时，懦弱者选择了逃避、妥协甚至投降，英雄们却挺身而出，用热血捍卫民族的尊严，人民的幸福。在创立和建设新中国的伟大历程中，涌现出无数可歌可泣的英雄模范人物。他们之中，有为了民族独立和人民解放而英勇牺牲的革命先烈，有为了党和人民的事业而不懈奋斗的优秀共产党员，有在全民族抗战中顽强奋战、为国捐躯的爱国将士，有英勇杀敌的战斗英雄和革命群众，有积极从事进步活动的著名民主爱国人士和国际友人……他们是民族的脊梁、祖国的骄傲，是激励全体人民团结奋斗的精神力量。

《100位新中国成立以来感动中国人物》丛书，就像一部星光璀璨的英雄谱，真实、完整地记录了英雄模范人物不平凡的一生，再现了他们非凡的人格魅力和精神世界。舍身堵枪眼的黄继光，拼命也要拿下大油田的王进喜，中国原子弹之父邓稼先，新时期领导干部的楷模孔繁森……一串串闪光的名字，一个个动人的故事，犹如群星闪烁，光耀中华。

当今中国正处于伟大变革的时代，迫切需要涌现出一大批勇于承担历史使命、为祖国和人民奉献一切的先进人物。在"双百"人物崇高精神的引领下，在建设社会主义现代化国家的征程中，必将英雄辈出。

生平简介

　　陈景润（1933-1996），男，汉族，福建省福州市人，无党派人士。生前系中国科学院数学研究所研究员。著名数学家。

　　陈景润从小喜爱数学，在厦门大学读书期间，发表了第一篇论文。1957年10月，调入中国科学院数学研究所工作，先后发表学术论文50余篇，在解析数论的许多重要问题研究上取得重要成果。哥德巴赫猜想被称为数学皇冠上的明珠。为了攻克这一世界性难题，陈景润全身心投入其中，废寝忘食，达到忘我的境界。经过长期艰苦的科学研究，1966年，他在《科学通报》上宣布他证明了（1+2）；1973年他在《中国科学》上发表了（1+2）的详细证明并改进了1966年宣布的数值结果，立即在国际数学界引起了轰动。他的研究成果被公认为是对哥德巴赫猜想研究的重大贡献，是筛法理论的光辉顶点，被国际数学界称为"陈氏定理"。其后，他对上述定理又作了改进，并于1979年初完成论文《算术级数中的最小素数》。他的研究成果至今在哥德巴赫猜想的研究领域还保持着领先地位。陈景润传奇式的学习成才之路，使人们深刻感受到科学的价值和魅力，激发起全国人民，尤其是青少年投身科学研究的巨大热情。他是中国科学院学部委员（院士），第四、五、六届全国人大代表，曾获全国科学大会奖、国家自然科学一等奖。

1933-1996
[CHENJINGRUN]

◀ 陈景润

目 录 MULU

邓小平:中国有一千个陈景润就了不得(代序)

　　这曾是一个举世震惊的奇迹:屈居于 6 平方米小屋的陈景润,借一盏昏暗的煤油灯,伏在床板上,用一支笔,耗去了几麻袋的草稿纸,居然攻克了世界著名数学难题"哥德巴赫猜想"中的(1+2),创造了距摘取这颗数论皇冠上的明珠 (1+1) 只是一步之遥的辉煌,被国际数学界誉为"陈氏定理"。

　　他开拓了数论研究中一个崭新的时代。他那瘦弱的身影,几乎凝聚了全世界所有数学家关注倾慕的目光。自负的日本人,对有着五千年文明史的中国,称道两位数学奇才:一位是祖冲之,一位便是陈景润。他们由衷地在这两位中华俊杰面前顶礼膜拜。

　　1975 年,正值"文革"动乱之际,邓小平同志一度主持中央日常工作。他力排众议,以挽狂澜于既倒的扭转乾坤之势,重整山河。在"高天滚滚寒流急"的日子里,这位伟人犀利深邃的目光,同样没有忘记给处于逆境之中的陈景润投去深情的一瞥。面对着恶毒攻击陈景润等科学家"走白专道路"的一派胡言,邓小平拍案而起,斥责道:"什么白专道路,总比占着茅坑不拉屎强!"当他了解到陈景润顽强拼搏的传奇式经历和出类拔萃的业绩后,无限感慨地说:像陈景润这样的"世界上公认有水平的"科学家,"中国有一千个就了不得"。

　　他是不幸的,当他踏着开国大典的隆隆礼炮声,胸怀朝阳,迈入一个崭新纪元的时候,本应处处洋溢着万丈春光,满目鲜花。然而，他却像我们多灾多难的祖国一样，饱经忧患，历尽坎坷。他吃过的苦，受过的委屈，流过的泪甚至殷红的血，给他的生命濡染了浓重的悲壮色彩。

他又是幸运的。综观他并不漫长的人生之旅，每一关键的步履，都有幸得到人民的哺育、滋润、支持；都有幸分享党的温暖、关心、爱护；甚至得到了毛泽东、周恩来、邓小平等领袖人物的直接关怀，得到了以江泽民同志为核心的第三代党中央领导集体如阳光般温暖的直接关照和褒奖。正因为如此，光明才战胜了黑暗，正义才战胜了邪恶，真理才战胜了谬误，科学才战胜了愚昧，文明才战胜了野蛮。陈景润的人生处处洋溢着雄奇壮阔的色彩。他的欣喜、惊喜和那纯真、憨厚、永恒的微笑，幻出一首美丽壮阔的史诗。

黑色的灾难和狰狞的魔影几乎一步也不肯放过他，令人惊叹的是，幸运之神却像偏袒这位奇才的慈祥的长者，处处护卫着他，于是，才演出了一幕幕悲喜交集的活剧。在中国的知识分子中，难得有人像陈景润那样得到如此之多的仿佛是天赐的一个个的机遇，命运同样垂青于他。陈景润一生中所蕴含的厚重深沉的际遇，使他的生命焕发出摇曳多姿的迷人韵味。

"在数学上是巨人，在生活中是孩子。"强烈反差的人格构造，展现出一系列耐人寻味而又充满浓郁生活气息的美学风采。枯燥的数学，被陈景润点化为繁星璀璨的天空、万木葱茏的大地；而这位数学家的故事，同样令人荡气回肠，百感交集。陈景润走了，他已化为了历史；化为了祖国大地上不屈的高山、浩瀚的大海；化为了人们绵绵无尽的思念以及人们为弘扬他的精神和进一步开创他的事业而奋勇前进的脚步。

胪雷之子

→ 天　缘

⭐⭐⭐⭐⭐

福州，又称榕城，往南出城 15 公里处，便是陈景润的故乡胪雷。

若论家境，陈景润出生时并不差。他的大伯父曾任中国邮政总局考绩处处长。二伯父是中高级邮政职员，曾任福建省邮政视察室主任。他的父亲，职位最小，只担任一个三等邮政局的局长。他的一家，可称邮政之家。陈景润的父亲并不住胪雷，而是住在福州南台。南国都市夹巷深深，庭院式的楼房，清净、简洁，且焕发着浓郁的书卷气。

不过，少年时代的陈景润，是常去故乡胪雷的。是留恋那绵绵不绝的相思林，还是屋后绿草如茵的一片向阳坡？尽管，他后来远居北京，心里却一直系着故梓。至今，胪雷的乡亲仍然珍藏着陈景润一幅珍贵的遗墨，那是陈景润应故乡之邀，于 1995 年手书的"群力科教兴邦，培育中华英才"。从字里行间可以看出，陈景润因患帕金森氏综合征，手抖得很厉害。此刻，距陈景润去世只有三个多月，或许，这是他留给故梓的最后的嘱托了。

小时候的陈景润爱看书，床头上放了不少他喜欢读的书。游戏当然也是有诱惑力的，不过，陈景润捉迷藏的时候，方式有点特别，他往往拿着一本书，藏在一个别人不易发现的角落或桌子底下，一边津津有味地看书，一边等待别人来"捉"他。看着看着，他忘记了别人，而别人也忘记他了。爱书成癖，书中仿佛有着一个永远也无法穷尽的迷人天地，这种痴迷，深深地影响并改变了他的人生。

乡间的淳朴和缤纷，大自然的慷慨和变幻无穷，令小时候的陈景润受益匪浅。他不乏孩童的好奇，很喜欢蜜蜂，这种在乡间司空见惯的小生灵。站在妖媚的阳光下，看蜜蜂繁忙地飞来飞去，嘤嘤嗡嗡，自个儿轻声地歌唱，采花酿蜜，他会感到有无穷的乐趣横溢心中。城里孩子的灵秀和见识，乡间孩了的淳朴和勤奋，如此和谐地统一在陈景润的身上。他在福州仓山上三一小学，这是一所设备比较完善的教会学校。尽管，社会动荡不安，战火绵延不绝，这片外国人聚居的风景胜地，仍是处处浓荫匝地，鸟语花香。他专心致志地读书，神游初识的文林学海，展现出不凡的慧心和悟性，念了二年，便开始跳级。老师喜欢这个默然少语的学生，同学和他接触不多，但并没有歧视他。外面的世界很精彩，他更大的乐趣是在比外部世界更为宽广丰富的心灵中遨游。

天缘如雨，滋润、沐浴着这棵崛起于闽江之滨的栋梁之材。

→ 多味人生

★★★★★

　　他才 10 岁，母亲突然病逝。正需要母爱温馨的年龄，他永远失去了亲生母亲那铭心刻骨的微笑，永远失去了那声声入耳入心的呼唤。这是他第一次尝到人生的沉重和悲伤。他大哭不已，不吃饭，也忘了吃饭。

　　母亲疼爱他。小时候，兄弟之中，数他长得瘦弱。然而，吃饭却吃得最快。在他的目光中，时间是知识。只要有时间，便可以看许多有趣的书，他多么想把分分秒秒都捏在自己的手里。他这种心情，母亲很能理解，因此，从来不责怪他，只是亲昵地站在一旁提醒他："吃慢一些，吃慢一些，别哽住了啊！"如今，言犹在耳，而疼爱自己的母亲却永远永远地走了。

　　他孝敬父母。骨肉相依的舐犊之情，是他生命中重要的组成部分。生性内向的他，经历少年丧母的悲剧，更为沉默寡言了。

书，为他分担和化解了难以排遣的忧伤。失去了母亲的抚爱和关照，他的生活更不讲究了。天热了，他还爱赤脚。这种不爱穿鞋的习惯，一直延及他成名之后。

正当中年的陈景润的父亲，日日忙于公务，又要照顾一群幼小的孩子，委实无法适应内外操劳奔波的生涯。他经过慎重的考虑和选择，娶了后妻。尚不大谙世事的陈景润，感到从未有过的迷惘，一个陌生的女人闯进了他的生活，并且要担任管教他抚养他的母亲的角色，他不知如何办才好。陈景润保持沉默，静静地用自己的目光观察，然后判断是非。他从小就很善良，不愿意去伤害任何人，何况还是他的继母。这位曾在幼稚园工作的年轻阿姨，自然而然地担当起护理孩子的天职。陈景润的兄弟姐妹最后终于接受了这个母亲。解放以后，她一直在百货公司工作，且苦心操持家务，尽心尽职，口碑一直很好。这位母亲后来不幸患上了癌症，50多岁就去世了。儿女们一起妥善办好了她的后事。远在北京的陈景润同样挂念着她，寄来了钱，后来回到福州时，特地去悼念她。

并非不谙世事，更非不通晓人情。陈景润早早就品味了多味的人生，酸甜苦辣，尽在胸中。他的可贵之处是不被凡人俗事所淹没，而是用沉默筑起一道无形的马其诺防线，拒尘嚣于门外，然后悉心播种希望耕耘春秋，他的这种人生态度和轨迹，可谓源远流长。

或许，正是由于他这种独特的人生抉择，使他在处理世间人事关系上，一直显得木讷有余，不擅周旋，和圆滑、刁钻更是形同水火。他几乎把所有的精力，都集中在学习上。他爱数学，枯燥的数字，就像音乐家手上的音符，色彩缤纷，跳动着，神韵非凡，编织出一曲曲扣人心弦的歌。在学苑，尤其是数学王国里，他才是潇洒风流纵横驰骋于风云变幻、瑰丽雄奇、迷人境界中的骄傲的王子。

人生百味，能独享一味之绵长，是幸运的。

→ 英华苦读

★ ★ ★ ★ ★

福州。仓山。一道蜿蜒曲折高高低低的小径，仿佛是历史的纤绳，轻盈地系住遗落了无数传奇的校园。这便是陈景润高中时的母校——英华书院，后来改名为英华中学，现在为福州高级中学的校址。

当年，这是一所声名远播的教会学校，说来也奇，并没有培育出什么出名的传教士，倒是培养了一批铁骨铮铮的共产党人和很多著名的专家学者，福建地下党的骨干不少出自这里，还有一个令世界为之瞩目的陈景润。

陈景润是在抗战胜利后，随父亲从三明回到福州的。在福州学院即三明一中，他念完了初中，1948年2月，他到这里上高一春季班。陈景润向来不引人注目，尽管，他父亲仍是当邮电局局长，家境不错，但他节俭惯了。穿着粗布旧衣服，他排行老三，衣服只能捡哥哥的穿。仍是没有钢笔，用铅笔记笔记，做作业。他不爱说话，遇到同学也不会绷着脸，而是笑一笑，算是打招呼了。和善、老实，是他中学同学对他的总体印象。长期看书，且爱躺在床上看，患了近视，戴着一副眼镜，一条眼镜腿断了，用一根线绑着，初看，有点滑稽，也显得"寒酸"，但他从不在意。当时，学生们把那些用功读书的学生叫"booker"，这并非是英语单词，而是福州方言中"书呆子"的译音。陈景润是班上有名的"booker"。

解题是一种洋溢着无限乐趣的劳作，陈景润对于解题，向来不吝惜时间和精力，其奥秘就在于此。老师和同学都不得不赞叹陈景润自觉刻苦学习的精神。

在班上，陈景润并不是成绩最冒尖的同学。因为他对学习有自己的主见，他不是单纯地跟在老师的屁股后面跑，也不盲目地追求甚至迷信卷面上的分数。他身体虽然瘦弱，但记忆力却十分惊人。他从不满足于读懂，而是把书本上许多极不易记的数理化概念、公式、定理、定律背得滚瓜烂熟，并一一化入自己的脑海里，要使用时，犹如囊中取物，手到擒来。强烈的求知欲望，使他形成独特的学习方法，他总是把老师讲的基本知识读得滚瓜烂熟，布置的作业全部做得工工整整，然后大量地阅读有关的课外书籍，向更高的知识领域进军。他念的是中学课程，而借阅的图书却有：大学丛书《微积分学》、大学丛书《达夫物理学》、哈佛大学讲义《高等代数引论》、《郝克士大代数学》、《密尔根盖尔物理学》、《实用力学》等，这些都是比较高深的科学专著。一个中学生，学好本身的课程之余，大胆地闯入气象万千的大学殿堂，在那里津津有味地俯拾珍奇，他毫无自惭形秽之色，敞开心灵，吮吸着知识的乳汁，滴滴甘甜，尽入胸中。陈景润日后的辉煌，就是从中学时代开始扎扎实实地奠定坚实基础的。

→ 少年之梦

★★★★★

成功往往源于机遇。它是触发创造灵感的电火花，它是预示百花齐放万紫千红季节的第一缕春风。千金难买的邂逅，恰似缘系万里之遥的幸会，留下了旷世不凋的传奇。

1948 年，陈景润正上高一。命运钟情于他，沈元教授走进了英华，走进了陈景润的生活。沈元教授是留英博士，原任清华大学航空工程系主任。英华中学是他的母校，请他为母校的中学生上课，这位对培养了他的母校情深义重的学者，欣然答应了。

这是缘分。

航空工程，驰骋蓝天的伟业。谙熟这一领域的沈元教授，后来是中国科学院的院士，北京航空航天大学的校长。当时，正值潇洒博识的青春年华。他一走进英华中学，站在陈景润所在班级的讲坛上，立即引起所有幼稚中学生们的一片倾慕。

同学们入迷了。陈景润更是如痴如醉。在一次讲解中学数学时，他谈起了世界数论中著名的难题：哥德巴赫猜想。

1742 年，德国著名的数学家哥德巴赫发现了一个奇妙的数学现象：每一个大偶数都可以写成两个素数的和。例如 10，可以写成 7 + 3。什么原因呢? 却无法证明，他自己也无法证明它，于是，就写信给当时意大利赫赫有名的大数学家欧拉，请他帮忙证明，欧拉穷尽一生的劳作，终于没有成功。这道难题，吸引了成千上万的数学家，200 多年过去了，仍然仅是一个"猜想"。

陈景润痴痴地微张着嘴巴，此刻，他已经无暇顾及周围同学那一双双惊讶地瞪大的眼睛，啊，数学，自己神往痴迷的学科，居然有着如此广阔如此雄奇如此令人倾倒的魅力。他如痴如醉，乐而忘返。

第二天上课，几个成绩在全班拔尖的同学，兴致勃勃地向沈元教授交上自己做出来的"哥德巴赫猜想"。沈元教授把这些卷子捏在手中，笑吟吟地说：

"我不看，不看，你们真的认为，骑着自行车，就可以到月球上去么？"

又是一阵开怀的笑声，放肆地溢出教室。莫笑当年这些中学生的无知，时至今日，位于北京中关村的中国科学院数学研究所，经常会接到来自遥远地方的沉重的邮包，打开一看，声称是已经攻克了世界数学难题——哥德巴赫猜想。还有扛着大麻袋草稿纸的陌生访客，同样自诩是攻克了哥德巴赫猜想的英雄，而这些人，往往连最基本的数论常识都不懂。枉费了时间和生命，令人可笑又惋惜。

陈景润没有去做卷子，初晓数学的他，却牢牢地记住了老师讲的那个梦。梦断昆仑，梦断人生的苦涩和艰辛。它如一颗神奇的种子，落在这位尚是青少年的数学奇才的心田里。

大海扬帆

→ "爱因斯坦"

★★★★★

陈景润是幸运的。1950 年春夏之交，他高中尚未毕业，毅然以"同等学力"的资格，报考素有"南方之强"美称的厦门大学。他被录取了。

第一次出现在厦大校园中的陈景润，毫不引人注目，他穿着一身黑色的学生装，头戴黑色的学生帽，脚上是当时被称为万里鞋的一种最普通的胶底鞋子，提着一个已经很破旧的小藤箱，一个小小的被盖卷，外加一件他哥哥送给他的旧大衣。

当时，陈景润念的是数理系，入学时只有 3 个学生，后来，上一届留下的 1 个同学编了进来，4 个学生一个班，老师几乎是手把手教他们的。学生宿舍在博学楼，也就是当今的厦门大学人类博物馆。走进由著名画家徐悲鸿先生亲自题写门匾的这座花岗石建筑，仍然可以寻觅到陈景润当年住的宿舍：123号房间。当时，6个学生住一间。陈景润睡的是下铺。神往和钟情数学的陈景润，正如高尔基所描绘的：像一个饥饿的人扑在面包上一样。他很快就陷入了痴迷的状态。

早在中学，他就开始涉猎大学课程，如今进了大学，他怎肯轻易罢休。陈景润把所有的精力都用在学习上了。他读书有一套自己暗中制订的"高标准"，每天，他除了完成老师布置的作业外，自己还要根据学习的课程完成一批作业题，少则几十道，多则上百道。

他准备了一个手电筒，那是夜晚读书用的，当时厦大虽然没有熄灯制度，但他也担心影响别人休息，到了深夜，就在被窝中拧亮手电读书。这种特殊的读书方式和习惯，一直延续到他在北京中关村工作时期。

他学习真正到了忘我的程度。当然，此时的陈景润和以提出相对论改写了一个时代科学史的爱因斯坦难以相提并论，但他那种近似拗相公的执著，那种嗜书如命的忘我精神，却是一脉相承的，每一个成功的科学家，几乎都要经过这段"炼狱"式的旅程。

陈景润的同乡、校友、知交，中国科学院数学所的林群院士，对于陈景润的成功有一段异常精辟的见解："科学好比登山，有的人登上一座山，浏览峰顶的风光，就满足而归了。而陈景润却不一样，他同样登山，倘若上山有十条小径，他每一条小径都要去爬一次。他重视的不全是结果，而是贵在过程。直到把上山的所有的路全摸透了，他才会感到满足。功底、基础就是这样一步一个脚印建立起来的。"大学生时代的陈景润，日日解题不息，并且乐在其中，原因便在于此。

他依然保持着中学时那种沉默并近似孤僻的性格，独自在数学的王国中遨游。有一段时间，被检查出患了肺结核，不得不去住院，身体稍有好转，就回来继续念书。有时，居然连洗脸、刷牙也忘了。

→ 西进龙岩

★★★★★

抗美援朝战争爆发，位于前线的厦门，已经处处可闻到战争风雨的气息了。为了预防不测，厦门大学理工科奉命西迁龙岩。厦大师生到了龙岩附近一个名叫白土的地方。

陈景润已读大学二年级了，他住的地方，还有一个洋溢着强烈革命色彩的名字：红场。这是一个镇子，当然不能和莫斯科红场相比。举目回顾，才发现已经置身在一派莽莽苍苍的林海之中。樵风泉韵，绿意斐然，和厦门那种炮声、警报声时而撕裂人心的环境迥然不同。这里适合读书，陈景润心中感到从未有过的轻松和闲适。

到了这里，人们发现，平时沉默寡言的陈景润却和随队伍而来的一位洋教授打得火热。他叫沙鹏，是法国人，不会汉语，对学生讲英语。沙鹏娶了一位福州的姑娘为妻子，他奇迹般地向夫人学会了福州话。陈景润从小就开始学英语，功底不错，可以用英语和沙鹏交谈，尽管，有时会结结巴巴，于是，便用福州话补充。他们有时也讲福州话。道地的方言，外地人听起来和外语几乎无异。看到陈景润和沙鹏教授出出进进，形影相随，同学们既羡慕也有点儿嫉妒。

沙鹏是很有学问的。他在数论方面钻研颇深。后来，大家才知道，沙鹏教授毫无保留地把自己的学识传授给了这位勤奋好学的弟子。

当时的厦大数理系，学生虽少，但教师中却是人才济济。数学上给他影响很深的还有李文清先生，他给陈景润上"高等代数"和"实变函数论"。李先生是留日的，对日本高木贞治的《初等数论》和数论史有特殊的研究。他上课深入浅出，并且常给学生讲东方数学家立志攀登世界科学高峰的动人事迹。他给陈景润他们详细讲过印度数学家拉曼纽让攻克"数的分割"及"合成数的分布"等世界难题的故事，勉励他的学生为祖国争光。

无独有偶，李文清先生在上课时，讲到了数论史上三个没有解决的难题——费马问题、孪生素数问题、哥德巴赫猜想问题。谦和风趣的李老师，笑吟吟地对他手下的四位学生说："我们班上谁要是能解决其中的一个问题，对世界就有了不起的贡献！"有的同学笑了。陈景润没有笑，是想起当年读高中时沈元教授讲哥德巴赫猜想的一幕趣事，还是意识到新中国一代大学生肩膀上沉甸甸的重任？他沉思着。虽然，此时的陈景润并没有确定攻克这一难题的方向，也并不清楚要解决哥德巴赫猜想究竟要付出何等的艰辛和代价，但一道雄关，已经如遥远的珠穆朗玛峰一样，闪烁着动人的诱惑。

→ 勤业斋106室

★★★★★

1953 年，国家急需人才，陈景润他们这一届的学生根据安排，全部提前一年毕业。陈景润被分配到北京四中任教。当时，能到首都工作，是一种荣耀。然而，习惯于在数学王国中踽踽而行的陈景润，学业精深，且不乏聪明才智，但一站到如鸽子般天真纯洁且吱吱喳喳的中学生面前，便全慌了。他天性不善言辞，木讷有余，无法适应中学的教学工作，被学校辞退了。一个人灰溜溜地回到故乡福州。没有了工资，生存受到了威胁，出于无奈，只好像解放初期那些城里无业的游民那样，靠摆小摊过日子了。

了解到全部情况的王亚南校长心疼了。说实话，他并非在当时就看到陈景润日后的辉煌，而只是出自于对自己学生的爱护。王亚南校长把陈景润带回厦大。他是真正懂得人才价值的。他和数学系的领导商量，让陈景润在系资料室工作。陈景润获救了。

重回厦大的陈景润，经过这次意外的人生变故，显得更为沉默和孤独了。他百倍珍惜得来不易的机遇，恨不得把所有的时间都花在他所钟爱的数学研究之中。他分得了一个小房间，勤业斋 106 室。

陈景润的全部生命，几乎都消融在夜以继日的读书之中。对于读书的方法，陈景润在后来成名之后，在一篇文章中有一段十分精彩的自白：

我读书不只满足于读懂，而是要把读懂的东西背得滚瓜烂熟，熟能生巧嘛！我国著名的文学家鲁迅先生把他搞文学创作的经验总结成四句话："静观默察，烂熟于心，凝思冥想，然后一挥而就。"当时我走的就是这样一条路子，真是所见略同！当时我能把数、理、化的许多概念、公式、定理，一一装在自己的脑海里，随时拈来应用。

不得不佩服陈景润脚踏实地而又不乏机智的做学问本事，居然能把鲁迅先生从事文学创作的神思之功，融入数学王国的艰辛跋涉之旅。陈景润在这一段时间的刻苦修炼，是奋飞前夕关键性的一搏。

　　不少数学著作又大又厚，携带十分不便，陈景润就把它一页页拆开来，随时带在身上，走到哪里读到哪里。这位可爱的"书痴"奇怪的读书方法，曾引起了一场小小的误会：数学系的老师时常看到陈景润拿着一页页散开的书在苦读，以为他把资料室的书拆掉了。后来，经过查实，陈景润拆的书全是自己的，对于公家的书，他惜之如金，从不去拆。公私分明，数学家的逻辑同样毫不含糊。

→　初试锋芒

★★★★★

　　他终于开始飞翔了。陈景润恰似一个久经修炼的俊杰，携剑下山，一出手便非同凡响。

　　此时，陈景润才 23 岁。别看他几乎日夜是在闭门读书，而那一颗单纯的心，却并不乏年轻人的豪情壮志。他选择数论作为突破口，在老师们的指点下，集中力量，钻研华罗庚的名著《堆垒素数论》、《数论导引》，向科学的高峰发起沉雄有力的进攻。

像一块砖那么厚的华罗庚的数学名著《堆垒素数论》，被陈景润一页页拆开了。他一个字一个字地研究，整整读了30多遍，几乎达到了滚瓜烂熟的地步。华氏的这本专著，是当代数论精萃汇聚的结晶。对于其中的每一个公式、定理，陈景润都进行反复的计算、核实。住在勤业斋的人们，只看到陈景润的门一天到晚都关着，偶尔，看到他出来买饭，人影一闪，又进了那间只有7平方米的小屋。庭院里，竹影和翠森森的芭蕉树相映成趣，光洁的石凳上，人们悠闲地谈天、消闲，领略海滨之夏的无限美意。而有谁能知道，闷在小屋中的陈景润正在进行着一场艰苦的鏖战呢！

生活被陈景润简化得只剩下两个字：数论。他日夜兼程地驰骋于数论的天地里。阅尽沧海，陈景润以滴水穿石的精神和超凡的韧劲，终于把华罗庚这本极难啃的《堆垒素数论》吃透了。熟读全书和神游了数论的浩瀚、渊博之后的陈景润发现，用第五章的方法可以用来改进第四章的某些结果。这便是当时数论中的中心问题之一"他利问题"。它跟哥德巴赫问题一样，吸引着数论学者的注意力。华罗庚除了在《堆垒素数论》一书进行探讨之外，还曾在1952年6月份出版的《数学学报》上发表述《等幂和问题解数的研究》一文，专门讨论"他利问题"。这个问题归结为对指数函数积分的估计。文章中，华罗庚满怀期望地写道："但至善的指数尚未获得，而成为待进一步研讨的问题。"如今，这个问题终于被陈景润攻克了。

这是了不起的战绩。首战告捷，初试锋芒，便震惊了数学界。陈景润将他几乎耗尽心血的成果，写成了一篇关于"他利问题"的论文。他把自己这篇论文，激动地交给曾教过他的李文清等老师看，大家仔细审阅，十分满意。李文清老师把这篇论文辗转寄给了华罗庚。华罗庚认真审阅后，交给了数学所数论组的一批年轻人，经过大家反复核审，证明陈景润的想法和结果是正确的。华罗庚感慨万千地对他的弟子说："你们待在我的身边，倒让一个跟我素不相识的青年改进了我的工作。"

　　命运，向陈景润敞开了一扇更有诱惑力的大门。

卑贱者

➡ 慧眼识英才

★ ★ ★ ★ ★

1956 年 8 月，全国数学论文报告会在北京举行。经华罗庚推荐，陈景润参加了会议，并在会上宣读他的论文。

陈景润走上讲台了。尽管陪同他去的老师事先不断给他鼓气，要他沉着、镇定，有条不紊地按照论文进行宣读，但是，站在讲台上，陈景润发现，与会的 30 多位数学家的目光，全系在他的身上。仿佛，他突然被一道道来自四面八方的光束，紧紧地攫住了，一种莫名的孤独无助感涌上心头，接着，便是难以自持的惊慌，他，竟然变成了一只受惊的小鹿，不知如何是好。论文宣读一开始，所有准备好的言辞，全部逃遁得无影无踪，头脑一片空白，他窘得难以自容。勉强说了几句，结结巴巴，不知怎么表达才好，猛然记起，应当在黑板上写个题目。转身写完题目，

△ 陈景润在会议上

说了一两句，又急匆匆地转身在黑板上演算起来。手有点颤抖，不听使唤，众目睽睽之下，他像是个不甚懂事的小学生，在黑板上画来画去，唉，怎么搞的，还不如在勤业斋 106 室的小屋中在草稿纸上演算那么娴熟自如。

这就是华罗庚极力赞扬的陈景润么？台下的听众开始摇头，接着，嘀咕开了。当年，陈景润在中学教书，第一堂课也是这样的。思维缜密的数学家，言辞表达委实太让人感到遗憾，茶壶里的饺子倒不出来，真是急煞人了。满头大汗，背上更是冷汗如洗，台上的陈景润开始痴痴地站在那里，不知该说什么。

厦门大学的李文清老师本来也属文静之辈，他比陈景润更急，眼看陈景润的论文宣读砸锅已成定局，他终于按捺不住了，自告奋勇地走上讲台。李文清老师讲完，人们仍感到不甚满意。一个魁梧的身影在众人的目光中健步移上台去，喔，是华罗庚，这位中国数学界堪称泰斗的大人物，颇有风度地向大家笑了笑，接着，阐述了陈景润这篇论文的意义和不凡之处，充分评价了陈景润所取得的成果。一锤定音，当人们盼望已久的掌声终于响起来的时候，脸色苍白的陈景润才长长地吐了一口气。

对于陈景润的这篇论文，1956年8月24日的《人民日报》在报道这次大会时，特别指出："从大学毕业才三年的陈景润，在两年的业余时间里，阅读了华罗庚的大部分著作，他提出的一篇关于'他利问题'的论文，对华罗庚的研究成果有了一些推进。"这个评价客观且不乏冷静，陈景润的成果终于得到了公认。

貌不惊人的陈景润在宣读论文时出了"洋相"，但他那锐利的进取精神，却使华罗庚深深地感动了。时代庄重地把伯乐的重任赋予这位数学大师，他没有让人们失望。

陈景润载誉回到厦门大学，受到了校党委的热情鼓励，锐气正盛的他，并没有松一口气，而是一鼓作气，在数论上的三角和估计等方面开展研究工作，不久，他的第二篇论文《关于三角和的一个不等式》呱然落地，刊登在1957年第1期《厦门大学学报》（自然科学版）上。

华罗庚极力推荐陈景润到中科院数学研究所工作，数学所主动和厦大协商，得到了厦大党委、王亚南校长和数学系的全力支持。1957 年 9 月，陈景润正式调到北京，进入全国最高研究机构，揭开了他生命史上坎坷而最辉煌的一页。

3平方米的特殊世界

★★★★★

初到北京的陈景润，只是研究所的实习研究员，属于小字辈。住集体宿舍，四人一间。都是快乐的单身汉，但陈景润却很难快乐起来。

原来，他是一个很不善于和人交往的人，他乐于一个人独往独来。真的应当佩服陈景润的独特之处，他的目光，居然盯住了那间只有 3 平方米的厕所。

现在提起来，几乎是一个近似荒诞的笑话了。有一天，陈景润壮着胆和同宿舍的同事商量，他希望得到他们的帮助，把厕所让出来给他一个人用。当然，这个提议要给他们增添麻烦，因为，屋内只有一个厕所，他们要"方便"时，只好到对门的单元房中去。说完，陈景润极为恳切而认真地凝视着他新结识的伙伴。

他们一齐笑了，笑得如此的开心，几乎是异口同声地回答"好! 好!"君子成人之美。

陈景润如获至宝，立即卷起铺盖，住在他进京后的第一处寓所——3平方米的厕所。而且，一住就是两年。

很难想象当年的情景。如今，这个厕所还在，咫尺之地，要放下一张床，怎么放得下呢? 同室的伙伴，早已不知云游何处，也无法去细问当时的详细情况，只有数学所的李书记还清晰地记着其中的一个细节：厕所中没有暖气，北京的冬天奇寒，陈景润在厕所的正中，吊了一个大灯泡，既照明又取暖。明灯高悬，照亮了七百多个夜晚，也照亮了这位坚韧不拔行进在科学崎岖小径上的独行者的苦涩旅程。

"他利问题"的解决，展示了陈景润初出茅庐的雄健之风，到了北京，住在这个厕所里，他把奋斗的标尺定在攻克华林问题的目标上。这同样是一个世界级的数论难题。这一问题曾有希尔伯特、哈代、华罗庚等人研究过，Dickson解决了 $k=4.5$ 以外的最小 $g(k)$。剩下的问题，在数论史上尚是一个空白。

寒夜袭人。陈景润的习惯是凌晨3点就起床干活。小屋真好，宁静如水，连同伴沉睡的鼾声也被隔断了。他伏在床上劳作，像往常一样，灵活的思维开始悄然起步。

他几乎日夜都泡在这个只有3平方米的特殊世界里。除此之外，就是上数学所的图书馆，陈景润十分欣赏这个被戏称为"二层半"的地方。繁华近在咫尺，诱惑也近在咫尺，陈景润全都把它们拒之门外了。

漫道雄关。陈景润终于跃上峰巅了。1959 年 3 月，他在《科学纪录》上发表关于华林问题的论文《华林问题 g（5）的估计》一文，他的结果是：

$$g（5）=37.19 \leqslant g（4） \leqslant 27$$

数论史上的一段空白，被陈景润以最宝贵的青春为代价，填补上了。

陈景润在 3 平方米特殊世界中创下的奇迹，镌入永恒的史册里。

➜ 风从南方来

★★★★★

从 1957 年反右斗争之后，中国就进入政治上的多事之秋。浓重的火药味立即弥漫原来宁静的数学所。

陈景润依然神游在他的数学乐园。对于政治运动，他弄不清楚，也没有兴致去弄清楚。因此，对待当时名目繁多的政治运动，他的认识显得分外的幼稚，有时，甚至会闹出笑话来。

"拔白旗、插红旗"运动是针对党内外学者的，并且，一开始就抓住了数学领域，批判"数学不能联系实际"，批判"资产阶级知识分子"。烈火很快就烧到华罗庚身上。城门失火，殃及池鱼，华罗庚将陈景润调来数学所也成了一大"罪状"，理由是陈景润走的是"白专道路"，是"顽固坚持资产阶级立场"。大火终于也烧到陈景润的头上了。

惊慌，迷惘，无处求助，当一双双严厉的目光直视着陈景润时，他感到从未有过的恐怖，仿佛被整个世界抛弃了。面对种种莫须有的指责，陈景润没有申辩，也没有办法申辩。在数论领域中，他是骄傲的白马王子，可以尽享风流。在政治运动中，他几乎是个一窍不通的门外汉。

这场运动的结果是：以华罗庚为首的专家和青年骨干业务人员都靠边站了。研究室被取消，代之以军队制的"指挥部"。陈景润和岳景中成了"最顽固的小白旗"。陈景润是华罗庚的门生，岳景中是著名数学家吴文俊的学生，在代数拓扑方面做过很好的工作。"白旗"是要拔的，"大白旗"暂时不好动，"小白旗"则毫不留情地拔下来了。陈景润调往大连科学院东北分院的化学所。陈景润在大连化学所干了些什么，至今，仍是一个谜，陈景润后来和友人偶然说起洗过许多瓶子。

1962年周恩来、聂荣臻、陈毅主持以讨论知识分子为中心的广州会议，一批受过错误冲击的党内外专家应邀出席了会议。正直的华罗庚想到了代他受过的陈景润，在会上向周总理提出，要求调回陈景润，让他继续从事数论研究，获得了支持。

陈景润又回到北京了。被剥夺的科研权终于回到手中。他仍然是那么沉默寡言，偶尔，有老同学和故乡的亲人来京，他那苍白的脸上也会泛起一缕美丽的红晕，兴致来时，还会炒上几个菜。他的西红柿炒蛋做得像模像样。他不愿提难堪的事，对于这一段历史，几乎被他和许多人忽略了。

中国有句古话：善有善报。善良的陈景润虽然受了不少委屈、误解，但命运还是钟情于他。当然，这次的不幸，比起以后的"文革"大劫，简直是小巫见大巫了。

南风总是温暖宜人的。

⊙ 石破天惊

★★★★★

攻势锐不可当。重回数学所的陈景润，恰似矫健的雄鹰，在数论的蓝天中搏击风云，巡视日月，只要被他发现目标，便以闪电般的迅猛，发起攻击，且屡屡告捷。

他仍是当年那种模样，穿一身已经褪色的蓝大褂。1962 年第 12 期的《数学学报》上发表了陈景润的《给定区域内的整点问题》。全文气韵非凡，颇有空山绝响、声震寰宇之势。1963 年，他又在《数学学报》发表了《圆内整点问题》的论文，此文以大家之风，改进了华罗庚的结果。

在经历了几场鏖战之后，仿佛是攀越群山峻岭，终于看到美丽至极的顶峰在向他微笑了，这就是攻克梦寐以求的哥德巴赫猜想。

陈景润从什么时候开始向哥德巴赫猜想挑战，至今说法不一。他太内向，对自己从事的项目向来守口如瓶，连最要好的同学、同乡也不轻易透露。从他的工作日程推算，估计是在 1964 年，当时，数学所绝大多数人都根据上级的安排，去参加农村的"四清"了，陈景润身体太差，平时又给人一种不过问政治的印象，于是留了下来。他正好利用这段难得的空隙，实施他宏伟的攻克哥德巴赫猜想的战略。

早在 1900 年，德国数学家希伯尔特在国际数学会的演说中，把哥德巴赫猜想看成是以往遗留的最重要的问题之一，并介绍给 20 世纪的数学家来解决。然而，它委实太难了，1921 年，英国数学家哈代在哥本哈根召开的数学会上说过，猜想的困难程度是可以和任何没有解决的数学问题相比的。解决这道难题不仅仅在于它的本身，因为，它跟解析数论中所有的重要方法都有联系。它的解决，可以提高解析数论的总体理论层次，而且还可以把它的结果推广到代数领域中去，从而引起数学领域中翻天覆地的变化。牵一发而动全身，其重要意义和迷人之处便在于此。难怪华罗庚会为之长叹不已："哥德巴赫猜想真是美极了! 可惜现在还没有一个方法可以解决它。"

熬过了多少日日夜夜, 付出了多少艰辛和心血, 委实很难计算。石破天惊, 一脸疲惫的陈景润在 1966 年春, 庄重地向人们宣告, 他得出迄今为止世界上关于哥德巴赫猜想的最好的成果〔简记为（1+2）〕, 他证明了: 任何一个充分大的偶数, 都可以表示成为两个数之和, 其中一个是素数, 另一个为不超过两个素数的乘积。消息传开, 数学所震动了。

1966 年第 17 期《科学通报》, 陈景润

△ 陈景润在工作中

的《大偶数表为一个素数及一个不超过两个素数的乘积之和》，赫然印在上面了。幸运的陈景润，赶上了这家权威杂志"文革"前夕的最后一班车。此后《科学通报》就被迫停刊了。

该文的发表，曾引起世界数学界的强烈反响。

喋血跋涉

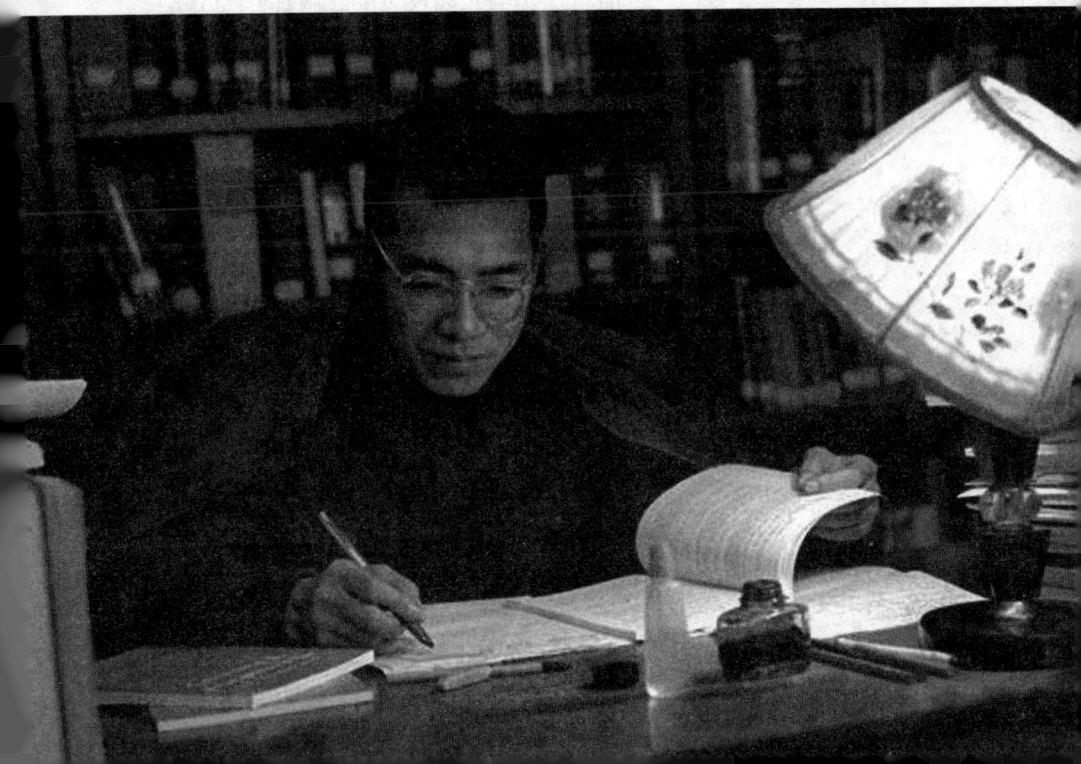

→ 祸从天降

✫✫✫✫✫

　　"文革"大劫。中关村已经放不下一张平静的书桌了。

　　平时不过问政治的他，政治毫不留情地来过问他了。覆巢之下岂有完卵，陈景润怎能逃脱这场劫难？

　　他是属于室一级的"牛鬼蛇神"，外出时，必须自己挂好造反派赐给他的牌子。那是一块二尺多长一尺多宽的三合板，上面用墨写着他诸多的罪名，一根细绳拴着，牌子不重，但是，那恶意的诽谤和邪恶的侮辱，却如沉甸甸的大山，压着身体瘦弱不堪的他。去食堂买饭也要挂着。回来时，陈景润把牌子摘下来。精于计算的他，偶然发现了牌子的特殊用途，恰好可以用它遮挡从窗外射来的阳光。他用那台旧的收音机抵住牌子，挡在窗前。屋内，居然显得温馨了许多。

高贵的数论已经被人践踏得不如一张草纸了。但陈景润像痴心不改的恋人，仍一如既往地恋着它。此时，他已搬到那间刀把形的 6 平方米的"锅炉房"中，没有锅炉，凸起的烟囱占了一个显眼的位置，进门的左侧，正好放一张单人床，一张断腿的凳子横着放倒，正好坐人。床，就成了书桌了。他伏在床上，仍然算他的数学。

　　狂潮奔涌，难得有片刻的宁静。已是伤痕累累的陈景润，经常处于心惊胆战的心态之中。此时，数学界的泰斗华罗庚受到严重的冲击，他被打成"反党反社会主义的资产阶级大学阀"，家被抄了，而且被"揪"到数学所进行批斗。内行人整内行人是很可怕的，某些人特地逼华罗庚的学生去批斗他，他们自然知道陈景润和华罗庚的特殊关系，于是，一次次地要陈景润"站出来"，去揭发批判自己的恩师。陈景润坚决不做伤害华罗庚并有损于自己人格和尊严的事，他恪守"一日为师终生为父"的古训，拒绝了那些人的无理要求。他对自己的恩师尊敬有加，且在形势异常险恶的情况下，也不改自己的初衷。陈景润曾被带着去参加批判华罗庚的批斗会，他看不惯那种颠倒是非混淆黑白的场面，乘人不注意的时候，悄悄地溜了出来，跑了。这种特殊的反抗形式，当然很可能给他带来更大的灾难，但心地纯洁容不下半点污秽的他，宁可玉碎，也顾不得那么多了。

　　陈景润从此变得更为小心谨慎了，轻易不出门。他把房门关得紧紧的，用沉默无言筑起一道马其诺防线。喋血跋涉，需要超人的意志和韧性，小屋中，他几乎幻成了一幅凝然不动的油画，一座岿然坚毅的雕塑。

尽管如此，厄运之神还是不肯轻易放过他，一场更大的灾难，伴随着社会的大乱，向只求一隅宁静的善良人，露出了可怕的狞笑。

➡ 跳　楼

★★★★★

惊心动魄的一幕。

事情发生在 1968 年 9 月底。事情是由陈景润的房子引起的。当时，数学所揪出一个姓曹的女同志，把她打成了"牛鬼蛇神"，无处关押。造反派中的人看中了陈景润住的这间小屋，怎么办呢？于是，就准备采取"革命行动"，再一次把陈景润打倒，关进"牛棚"里，这样做，就可以达到霸占陈景润的小屋，解决关押那位女"牛鬼蛇神"的问题，又可以让陈景润再一次"触及灵魂"，一举两得，且冠冕堂皇。

嘭，嘭，——强烈的擂门声，骤然响起，

撕心裂肺。一脸惊惶的陈景润被一拥而入的造反派围住。他想申辩,他不知道犯了什么过错,更不明白命运和人们怎么老跟他过不去。但一切都晚了,几个手脚敏捷的打手,已经掀开了他的床板,下面全是草稿纸和手稿,密密麻麻写满了各种符号、定理、演算推理过程,这是陈景润一生的心血,是向哥德巴赫猜想喋血跋涉的真实记录,是未来数论辉煌大厦的雏形,是一个五官发育已见眉目的婴儿!是比陈景润的生命还要珍贵的瑰宝!陈景润奋不顾身地扑过去。他下了死决心去保护它们,身体瘦弱的陈景润不知从哪里来的劲儿,顷刻之间,就成了威武不屈的勇士!

"还在搞这些死人、洋人、古人的东西,还在搞封、资、修,你想复辟么?罪证如山,罪证如山!"那些"内行"的人们一边骂,一边奋力撕毁这些草稿和手稿。

欲哭无泪,肝肠寸断!陈景润奋力抗争,但他一个人,怎能敌得过气势汹汹的一群人呢?突然,有人扭住了他瘦小细软的胳膊,往后一拧,让他领略了"文革"中最为流行的"喷气式"的滋味!

他们撕毁了陈景润的手稿,搜出了他的存款、存折、金戒指,连那把福建产的油纸伞也被撕得粉碎!剩下的伞骨,居然成了鞭子,一个女将举起来,劈头盖脑地向陈景润砸去。

造反派得胜了!陈景润从小屋中被野蛮地驱赶出来,正当人们得意地把陈景润押往"牛棚"——三楼东头的一间有二十多平方米的屋子时,陈景润突然从队伍中挣脱出来,箭一般地往"牛棚"方向奔去,往左一拐,人影一闪,只听到门"嘭"地一声响，"牛棚"邻近的一间小屋便被关上了!

　　小屋中，只剩下陈景润一个人。理想、追求、奋斗已经被残酷地毁灭了，用麻袋装的草稿手稿已被洗劫殆尽! 一生的奋斗全付之东流! 人格、尊严的侮辱，更是令人心碎! 如此连猪狗都不如地活着，还不如以死抗争，以明心志!

　　热血往上涌! 他万万没想到，他会连生存的权利，连做人的资格也会被这样残忍地剥夺得一干二净! 像"文革"中无数被逼上绝路的人们一样，陈景润准备用最惨烈的方式结束自己的生命。

　　他闭上眼睛纵身往下一跳!

　　命不该绝。他从三楼窗口往下跳，伸出的屋沿怜悯地挡了他一下，地上的一棵杨树，更是极有同情心地伸开了手臂，减缓了他跳下的速度，陈景润不能走，"老九"不能走! 不乏正义的世界都在急切地呼唤，都在深情地挽留，都不忍心看到那惨不忍睹的严重后果。

　　同样是一个罕见的奇迹! 跳楼的陈景润安然无恙，只是大腿上擦破了点儿皮，有殷殷的鲜血冒出来。一个造反派干将，见到跳楼后平安无事的陈景润，居然这样挖苦他：

　　"真不愧是个知名的数学家，连跳楼都懂得选择角度!"

→ 熬了四年的煤油灯

★★★★★

终于结束"牛棚"生涯了。陈景润拖着一身创伤,回到了那间6平方米的小屋。据说,为了防止被关押的"黑帮""畏罪自杀",小屋中的电线全部被扯断。没有电灯,陈景润点起那盏旧式的煤油灯,谁能料到,一点便是四年呢!

满屋灰尘。被洗劫一空的小屋,处处都是凄凉冷清。陈景润迅速深藏起心灵的创伤,又开始他那矢志不移的攻关之旅了。

动乱的时代给他留下一个天赐良机,他身体很差,又患过肺结核,当中科院绝大多数人都打起背包,到"五七干校"中去"滚一身泥巴,练一颗红心"时,陈景润意外地被留了下来,免除了那场近似苦役的"劳动改造"。两盏煤油灯,一盏亮着,一盏默默地守候在墙角,随时等候主人的调遣。草稿、手稿已被可恶的人们毁尽了。一片废墟，满目疮痍，只有几根枯草在料峭的冷风中瑟瑟地颤抖着。要另起炉灶，一切从零开始。

周围并不乏好心人去关心陈景润，其中也有人提及给他装一盏电灯的问题，当这一点要求也无法实现的时候，陈景润自嘲地说：

"不要装灯也好，没有干扰。因为有人偷用电炉，楼里老是停电。"他对那些暗中表示对他关心的人们说："不要关心我，会连累你的。"

他把所有的精力都用在真正完善和最后攻克哥德巴赫猜想的科研项目上了，那间 6 平方米的小屋终日紧紧地关着，夜晚，窗口上有昏暗的灯光在摇曳。四年，一干多个日日夜夜，熬了多长的灯芯，烧了多少煤油，无法统计。陈景润后期得了帕金森氏综合征，有专家分析病因，和他长期用煤油灯，吸了煤油烟中含量过多的苯可能有很大的关系。他不懂医学，也很少顾惜自己的健康，像一个上了战场的士兵，冲锋号一响，除了冲向目标，什么也不顾了。

这是陈景润最困难的岁月，也是陈景润创造辉煌的关键时期。四年，在煤油灯下，陈景润经受过多少次的失败，没有人能知道。为了不给人留下口舌，他一直守口如瓶。人们只是在他获得成功之后，发现了他床底下足有三麻袋之多的草稿纸。

陈景润的毅力和耐性，以及敢于去碰大计算量的勇气，是一般人所不能及的。

哥德巴赫猜想具有极强的逻辑性和极为缜密的推算过程，

无法用电子计算机（当时陈景润也没有此种设备），陈景润仅靠一双手、一支笔，胼手胝足，终成大业，何其容易？

如今，这盏如文物一样保留在陈景润家中的煤油灯，或许，是个最好的见证吧。

→ 他在喜马拉雅山巅行走

★★★★★

雪峰，冰川，晶莹剔透的神话世界。

1972 年，经过九九八十一难的陈景润终于登上喜马拉雅山山巅了。他用独特的智慧和超人的才华，改进了古老的筛法，科学、完整地证明了哥德巴赫猜想中的（1+2）。1966 年，他曾证明过，其时，洋洋洒洒的 200 多页论文，繁琐且不乏冗杂之处，《科学通报》发表的，仅是一个摘要式的报告，而现在，一篇流光溢彩珠圆玉润的惊天动地之作，就揣在陈景润的怀里。

他无限喜悦，恰似兀立这世界罕见的绝

顶，览尽绮丽风光。远天如画，骄傲的白云，极为温顺而优雅地簇拥山前。黄河，长江，还有中华民族的脊梁长城呢？它们化为了奇峰绝壁中遗落的传奇，还是以不屈的英姿，托起了这几乎是亘古不凋的丰碑？

陈景润并不完全了解中国当时的政治气候，他从周围人们的神色和对他的态度中，已隐隐感觉到，局势已经相对宽松一些了。毕竟是受过严重冲击，并且声言再也不搞业务的人，心中的余悸并未完全消失。他私下里对要好的朋友透露："我做了一件东西，不敢拿出来。"

没有不透风的墙，陈景润的秘密终于暴露了。当时，派驻中国科学院的军代表负责人是一个将军，久经战阵的他也得知了消息，他沉着地告诉部下，尽量动员陈景润拿出来，八年过去了，"文革"大乱，相当于打了一场抗日战争，科学领域已鲜见奇葩异草，正直的人们，同样渴望那能引来百花盛开的一枝独秀。

陈景润是谨慎的。他把这一"稀世珍宝"交给自己最信任的北京大学教授闵嗣鹤先生。闵先生在北大曾开过"数论专门化"的研究生课程，培养了曾攻下哥德巴赫猜想（1+4）的潘承洞等奋发有为的一代中年人，更重要的，闵先生一贯为人厚道、正派，是个德高望重的数学界前辈。

命运同样钟情陈景润，当时，闵嗣鹤先生的确是审定这一论文的最理想人选。不过，当时闵先生已经得了病，他心脏不好，体力衰弱，他把陈景润的论文放在枕头下，靠在床上，看一段，休息一会儿。老学者是极端认真的，每一个步骤，他都亲自复核和演算。犹如登山探险，沿着陈景润的脚印和插上的路标，他抱着病躯，喘着气，一步一步地往前走。风雨兼程，实在坚持不住了，坐在冰冷的石头上歇一会儿，咬着牙，又往前走。可敬可佩的闵先生，用生命之火的最后一缕光焰，点亮了陈景润的前程和中国科学的明天。

经历三个月，闵先生已是精疲力竭，他含着满意的笑容，向陈景润说道：

"为了这篇论文，我至少少活了三年。"

陈景润的眼圈红了，嘴里不住地说："闵老师辛苦，谢谢闵老师。"

数学所的王元，也独立审阅了陈景润的这篇论文。王元在"文革"中同样受到冲击，无端被诬为一个所谓反革命小集团的成员之一。他和陈景润同辈，在冲击哥德巴赫猜想过程中，同样有过辉煌的战绩，他证明过（3+4）、（2+3）、（1+4），为了慎重起见，他请陈景润给他讲了三天，并进行了细致的演算，证明了陈景润的结论和过程都是正确的，在"审查意见"上写下了"未发现证明有错误"的结论，支持尽快发表陈景润的论文。

《中国科学》杂志于1973年正式发表了陈景润的论文《大偶数表为一个素数及一个不超过两个素数的乘积之和》。这就是哥德巴赫猜想（1+2）。该文和陈景润1966年6月发表在《科学通报》上的论文题目是一样的，但内容焕然一新，文章简洁、清晰，证明过程处处闪烁着令人惊叹的异彩。

世界数学界轰动了。

美国著名的数学家阿·威尔（A·Weil）在读了陈景润的一系列论文，尤其是关于哥德巴赫猜想（1+2）论文以后，充满激情地评价：

陈景润的每一项工作，都好像是在喜马拉雅山山巅上行走。

由哥德巴赫猜想引发的传奇，以常人无法预料的情节，揭开了更为波澜壮阔丰富多彩的一页。或许，只有生长在中国的陈景润，才有幸享受和领略如此的幸运。

风雷激荡

→ 毛泽东下令"抢救"陈景润

★★★★★

　　毛泽东崇尚科学，十分尊重和爱护那些为国家做出了重大贡献的科学家，"文革"大乱，他亲自保护了钱学森等一批卓有成就的知名人士。陈景润攻克哥德巴赫猜想（1+2）之后，1973 年 4 月 6 日，中国科学院《科研工作简报》第 7 期发表了题为《数学基础理论研究的一项成就》，客观地说，因为当时的政治氛围，科研工作尚未提到应有的地位，这份简报中对陈景润的成就评价是一般的，它只是概括性地介绍了陈景润的工作，并指出，此项成就将会在世界产生较大的影响。接着，新华社据此发表了一条消息，调子有了提高，认为是"一项被认为在国际上是领先的新成就"，"是 20 世纪数学的最大成就之一"。中央领导同志看到这份"简报"后，要求科学院"写一份较为详细的摘要"，并将陈景润的论文放大样一并送往中央。4月16日，数学所将有关材料备齐，20日送到中央有关部门。这期间，新华社发表了一条陈景润患严重腹膜结核，病情危险，急需抢救的消息。时刻注视着中国的方方面面，为中国命运而日夜操劳的毛泽东，看到了这些材料，目光锐利的他，毫不犹豫地在文件"要抢救"三个字上，画了一个圆圈，并退给当时负责科研文教的姚文元办。

一介寒儒陈景润，此时，仍然屈居在那间6平方米的小屋中，电灯当然是用上了，他对这些复杂的政治背景，一无所知。长期的伏案劳作，超负荷的科研攻关，加上严重缺乏营养，他的健康状况很差。在那个特殊的年代，贯彻毛泽东同志的批示是不能过夜的，毛泽东画圈"要抢救"陈景润，犹如一声令下，从中南海到各个有关部门，全部行动起来，这是陈景润远远没有料到的事。

北京的4月下旬，天气还冷，尤其是夜晚。陈景润关好门，像往常一样，埋头在数学的研究中。暖气已经停了，他穿着棉衣，头戴护耳的布棉帽，还是觉得凉意沁人。

突然，门外传来一阵杂乱的脚步声，接着便有人擂门。陈景润心惊肉跳，他一看表，已是深夜2点钟，莫非，又是来抓他这个"白专典型"么？

他不开门，守在门口。一次次地遭受凌辱，他也长进了，决心反抗，万一不行，无非是再跳一次楼。"士可杀不可辱"，他颇有文人的骨气。

人们万万不会想到，这支队伍的领头人，便是当时红得发紫的大"左派"迟群。他这种场面见多了，看到门擂不开，便在门外高声喊道：

"我们是毛主席他老人家派来看你的人！"

小屋里面没有动静，迟群又放开嗓门，大声喊了一遍。

夜深人静，陈景润听清楚了，毛主席深夜派人来看他？！难道，这是做梦么？毛主席怎么会知道我陈景润呢？莫非，是有人故意骗他开门么？

他战战兢兢地把门开了一条缝，人们一拥而入，奉"最高指示"来抢救他的人们，见他脸色苍白，一脸病容，在传达了毛泽东的批示之后，架起他就要走！惊喜交加。瞬间降临的喜讯，如汹涌澎湃的大潮，几乎要席卷他而去，一阵晕眩过后，定神一看，所有的目光都闪烁着无限的关切、焦虑，甚至爱抚，红太阳的光辉，终于幸福地沐浴在命运多舛的陈景润身上了。

将近凌晨时分，陈景润被送到设备一流的清华大学医院住院治疗。他还是一直挂念着他的小屋。深夜时分，那么多人来"抢救"他，弄得他手忙脚乱，什么东西也没有整理好，草稿、手稿，还有他那点赖以生存的储蓄，都在他的小屋里，数学所并不十分安全，失窃的事情，时有发生。孩子气十足的陈景润终于从医院中偷跑了出来。他的"失踪"立即又险些变成新闻，奉命"抢救"他的人们怕把事情闹大，悄悄地四处寻找，终于在一个不被人注意的地方发现了他，问及他偷跑的原因，陈景润嗫嚅了许久，才说出了他的心病。

"我担心房子被撬了。"数学家的观念是务实的，人们理解了他。

周恩来：请陈景润当全国四届人大代表

★★★★★

好事成双。

毛主席派人来"抢救"陈景润的消息，在中关村，在"文革"中饱受折磨的科学家中间，激起一阵阵波澜，那些对陈景润抱有成见，尤其是整过陈景润的人们，颇为惊慌。陈景润反而很平静，仿佛什么事情都没有发生，仿佛人们议论的不是他，而是其他人。从医院出院回来，他显得精神多了，原来白中带青的脸上漾出了健康的红润，眉宇间透出宁静、恬淡的神韵。他一头钻进了那间久违了的 6 平方米的小屋，关起门，仿佛要把一切关于他的传闻、非议统统关在门外。

毕竟是毛主席他老人家发话了，陈景润幸运地得到伟大领袖的保护，那些总不安分的人们，暂时不敢轻易干扰他。1973 年以后，中国的政治形势还处于动荡之中，"四人帮"利用林彪反革命集团的垮台，借批林批孔之机，把矛头指向周恩来总理，妄想利用召开四届人大的机会，抢班夺权。

已是身患癌症的周恩来总理，早已洞察了"四人帮"的险恶用心，在"组阁"问题上，针锋相对而又机敏过人，终于粉碎了这伙祸国殃民的恶魔的阴谋。周总理是很细心的，1974年，他南下广州，得知了陈景润的情况，立即从广州给有关部门打电话，请陈景润当四届人大代表。

消息传来，中关村再一次刮起了飓风，几乎所有人的目光都注视着陈景润。

这同样是始料不及的事情。周恩来是极富远见卓识的。肯定陈景润不懈的科学攻关精神，等于在滚滚寒流中呼唤万木争荣的春天，在漫天飞雪中高唱一支昂首九霄进军未来的壮歌。

人才难得，到哪里去寻觅像陈景润这样可以在20世纪遥遥领先于世界科学前列的人才？然而，并非所有的人都可以当伯乐，都可以识别千里马，都可以理解时刻关注着党和国家命运的周恩来总理的宽广胸襟和放眼未来的目光。

有人激烈地反对陈景润当四届人大代表，并企图以组织的名义，抵制周恩来总理的决定。中国有句古话：利令智昏。当一些人手上掌管了某一部分权力的时候，头脑也会发昏的。他们到有关部门去反映陈景润的所谓"不问政治，只走白专道路"的情况，结果，受到了严厉的批评，所有阻止陈景润当四届人大代表的企图都破灭了。

党和国家了解陈景润，相信、信任陈景润，他作为科技界的代表，参加全国四届人大，当之无愧。

当大名鼎鼎的陈景润带着他的全部装备出现在北京一家高级豪华宾馆的时候，负责担任接待任务的工作人员全部忍不住笑了，他们细心地告诉他：开会不必带行李。陈景润惊愕地瞪大了眼睛，心里迟疑：那睡什么？用什么？这不能怪他，因为他从来没有上过宾馆。

我们的陈景润，第一次出现在政治舞台上的时候，就是这么幼稚，这么天真，这么可爱！

1975年1月13日，第四届全国人民代表大会第一次会议在北京举行。雄伟庄严的人民大会堂，灯火辉煌，掌声雷动。经过多次手术身体尚未恢复的周恩来总理，以惊人的毅力，健步登上主席台，向大会作政府工作报告。

轻易不动情的陈景润，怎么也压抑不住心头的激动。这是他一生中第一次亲眼看到敬爱的周总理。他心里一直思忖，日夜万事缠身的周总理，怎么会记得住他呢？在数学所，他是最卑微最被人看不起的。他的人格、尊严，常受到莫须有的伤害，他对世界上绝大多数人关起那扇心灵之窗，他怎么也不会想到，共和国的总理，竟然挂念着他，亲自提议他担任光荣的人民代表，让他坐在这亿万人民瞩目的地方，商议国家大事。他不善言辞，但多么想走上前去，向周总理说一声：谢谢！再说一句：请总理保重。

掌声如涛，一阵阵席卷过饱经忧患的祖国大地。周恩来总理以他生命的最后力量，号召全国人民把中国建设成为具有现代工业、现代农业、现代国防、现代科技文化事业的社会主义强国，重申"四化"的蓝图和坚定不移的奋斗目标，犹如春雷震天，强烈地震撼着渴望国家安定富强、人民安居乐业的亿万老百姓的心。陈景润把周总理的话牢牢地记在心里，连同那镌刻在史册上的一幕。

走出人民大会堂，陈景润的脚步更坚实有力了。

→ 世纪伟人的目光

★★★★★

1975 年，主持中央日常工作的邓小平在全国开始了"全面整顿"。被毛泽东誉为"绵里藏针"的一代伟人，力排众议，面对着经过九年"文革"大乱的中国，大刀阔斧地开始了强有力的"收拾金瓯一片"的伟业。

此时仍是深居陋室的陈景润或许还不完全明白，他的命运、遭遇已完全超出了其本人的范畴，而成为一代知识分子的缩影，并有幸系着国家的大政方针。他是幸运的，处于高屋建瓴地位的党和国家领导人，伸出了坚实有力的臂膀呵护着他，关心着他，支持着他。历史和时代是公正的，那些为党和国家真正做出了杰出贡献的人，付出的是超乎常人的艰辛、劳累甚至是生命的代价，收获的同样是饮誉社会的光荣、幸福甚至是价值的永恒。人生的真正意义在于拼搏、奉献，在于无私无畏地开拓奋进和创造。

四届人大以后，周总理病重，毛泽东同志把重担交给了邓小平，由邓小平代总理主持国务院工作，并任中共中央副主席、中央政治局常委，实际上主持中央日常工作。受命于危难之中，邓小平开始了以"全面整顿"为中心的挽救党和国家命运的生死搏斗。

陈景润的事迹终于传到关注知识分子命运遭遇的邓小平同志那里了。当时不少人认为陈景润走"白专道路"！"白专道路"是射向陈景润的一支毒箭，也是长期以来强加在许多业务精深的学者、专家头上的沉重的枷锁，"文革"时期，更是成了那些自己不学无术而专门去整别人的极

"左"派的"紧箍咒"。邓小平目睹这股极"左"思潮给我们国家造成的深重灾难，一提起来就怒火中烧："什么白专道路，总比占着茅坑不拉屎强！"

为了攻克哥德巴赫猜想，完成一个科学工作者应尽的神圣职责，陈景润长期以来，废寝忘食，不计名利、地位、条件，以超乎常人的毅力奋力攻关，几乎耗尽了自己的生命，何罪之有？

是感叹陈景润在长期身处逆境之中不屈的奋斗精神，也是寄希望于中国千千万万的知识分子。邓小平意味深长地告诉人们：像陈景润那样的科学家"中国有一千个就了不得"。

一个陈景润，已是在数论中领先世界于20世纪，令全世界的有识之士对中国刮目相看，倘若有一千个陈景润，我们就是在科学的绝大多数领域，真正矗立于世界民族之林。科学，主宰近代和未来之神，当中国尚处于"万马齐喑"的非常岁月，邓小平就预见了它振兴中华的非凡力量。

我们可以这样说，邓小平是真正走近陈景润的党和国家的领导人。当时，他面对重重压力，能够如此鲜明而响亮地振臂一呼，何其不易，世纪伟人的目光，系着千钧雷霆，也系着世说纷纭的陈景润，这是陈景润的幸运和光荣，也是中国知识分子的自豪和骄傲。

邓小平是重国情而又务实的。"四害"既除，海碧天青之日，邓小平第三次走进中南海，领导全党全国开始了以改革开放为中心的新的长征。此时的陈景润，当然也"解放"了，邓小平仍关心着陈景润的各方面情况，并且在得知陈景润有具体的困难而他本人又无法解决时，下达过一个这样的指示：一周之内，请给陈景润解决三个问题：住房、爱人的调动和配备一个秘书。

一个肩负国家命运的领袖，亲自去为陈景润解决这些凡人琐事，是传奇？佳话？还是声震云天的呼唤？陈景润因此而住进了四房二厅的居室，分居的爱人由昆也由武汉调入北京，李小凝同志当了陈景润的秘书。来自中南海的春风，吹进陈景润的心里，也吹遍了祖国的神州大地。

陈景润是一面旗帜。他是邓小平同志亲自树起来的。

陈景润是一部传奇。他浓缩了整整一个时代知识分子的悲欢。

陈景润是一首史诗。他展现的瑰丽雄奇，令中华大地熠熠生辉。

陈景润是一座丰碑。他激励着亿万人民去谱写更为壮丽的篇章。

不过，陈景润仍是如以往一样，终日伏案操劳，他仍在数论之海中遨游，搏击风浪。他要把哥德巴赫猜想中的（1+2）研究得更为完美，要向那更为诱人的（1+1）发起最后的冲击。

　　陈景润走进世纪伟人的目光里，世纪伟人也带着亲切的微笑，走进陈景润的生活中。

科学的春天

→ **"我和邓小平同志握手啦"**

★★★★★

　　1978 年 3 月 18 日，全国科学大会在北京人民大会堂隆重开幕。陈景润应邀出席了大会。

　　盛况空前。劫后余生的中国科学界的群英，重新汇聚一起，他们中的不少人还来不及抚平心灵和肉体的创伤，便匆匆消融在春光万顷的百花园中了。

　　陈景润第一次见到了邓小平，他兴奋得像个孩子，目不转睛地注视着主席台上那熟悉的面孔，聚精会神地聆听邓小平在开幕式上的激动人心的讲话。阵阵掌声如浪涛，直落心田深处。陈景润一直在寻思：邓小平的话，几乎把他多年来心里想说的全讲出来了。入情入理，入耳入心。北京余寒未尽，但期盼已久的春天，真的来了。

　　长期以来，陈景润久居陋室，他深深地

钟爱着数学，钟爱着自然科学中被誉为皇后的精灵，为此，不知遭受了多少磨难和屈辱。当听到邓小平在报告中说道："大量的历史事实已经说明：理论研究一旦获得重大突破，迟早会给生产和技术带来极其巨大的进步。"他高兴得拼命鼓掌。那张平日总是苍白的脸，漾着绯红。他研究的经典数论中包括哥德巴赫猜想等一系列理论难题，得到邓小平的高度肯定，还有什么能比自己的劳动得到党和国家领导人的充分肯定更为高兴的事呢？

陈景润觉得邓小平同志有一段话，仿佛是专

△ 邓小平接见陈景润

门为他和与他类似命运的知识分子洗刷耻辱的："'四人帮'胡说'知识越多越反动'，鼓吹'宁要没有文化的劳动者'，把既无知又反动的交白卷的小丑捧为'红专'典型，把孜孜不倦，刻苦钻研，为祖国的科学技术作出贡献的好同志诬蔑为'白专'典型，这种是非关系、敌我关系颠倒，一度在人们的思想上造成很大的混乱。"

什么是白专？什么是又红又专？这是被"四人帮"搅成一团乱麻的问题。陈景润一直被无端地诬蔑为"白专典型"，有一段时间，甚至被剥夺了从事业务的权利，痛定思痛，感慨不已。最困难的时候，是毛泽东、周恩来、邓小平等党和国家领导人支持了他，给他撑了腰。对于这个问题，终于被邓小平解开了：

"一个人，如果爱我们社会主义祖国，自觉自愿地为社会主义服务，为工农兵服务，应该说这就表示他初步确立了无产阶级世界观，按政治标准来说，就不能说他是白，而应该说是红了。"邓小平话音刚落，一片排山倒海般的掌声，顷刻便回荡在春天的爽朗笑声里。

面对着数千名意气风发的科学工作者，侃侃而谈的邓小平也情不自禁地为之激动了。中国是有希望的。他诚恳地嘱咐在科研部门做党的工作的领导同志，要把科学研究工作搞上去，还必须做好后勤保障工作，为科学技术人员创造必要的工作条件，并把它列为党委的工作内容。说到这里，这位世纪伟人提高了嗓门，真诚地说：

"我愿意当大家的后勤部长！"

这是呼唤科学春天的浩荡春风。

这是光照神州大地的明媚阳光。

这是催动百花盛开的一声惊雷。

这是牵动亿万人心的千古绝唱。

一个党的领袖，甘当科技人员的后勤部长，这种襟怀品格，令所有的人都潜然泪下，陈景润的眼眶湿润了，他是很少流泪的，这一回，他流泪了。

邓小平同志的报告结束以后，他特地接见了一批作出突出贡献的科学家，陈景润幸运地被列在其中。

一代伟人向他走来，微笑着，向陈景润伸出了那双扭转乾坤的手。千山肃立，万壑屏声，整个世界都注视着这个极为难得的历史镜头。

陈景润立即跨前一步，用双手紧紧地握住了邓小平的手。温暖、有力，千言万语，尽在这无声的一握之中。

他握住了巍巍昆仑，握住了浩浩长江，握住了雄风万里的长城！

陈景润孩子似的笑着，邓小平亲切地嘱咐他，要注意身体健康。并且告诉身边的工作人员，要尽量给陈景润创造更好的工作条件。语重心长，情真意切。这是科学大会上最动人的一幕。应当感谢摄影师，把这一瞬化为了历史的永恒。

"我和邓小平同志握手啦！"陈景润当天就把喜讯告诉了数学所的所有同事。这是陈景润最为幸福、激动的一天。

→ 陈景润和徐迟

★★★★★

徐迟是全国科学大会召开的前夕，出现在中关村中国科学院数学所的。北京名人多，许多人第一次发现他，是在那光线不大充足的食堂里，一位前额颇高看去不乏壮实的陌生人，端着饭盒，正和大家一起排队买饭。徐迟耳朵不大好，带着助听器，脸上轮廓分明，眉毛颇浓，有点凹陷下去的眼睛，仿佛深藏着几许神秘。

了解陈景润难，采访陈景润也不容易。陈景润第一次见到徐迟这样的大作家，他有点拘谨，不知该谈什么。当时，拨乱反正还刚刚开始，"文革"的历史还没有恢复其本来的面目。陈景润最为内行的是数学，他谈着谈着，便忘记了徐迟是文人，不懂数学，居然搬出草稿纸，将哥德巴赫猜想的一些基本原理，演算给徐迟看，一个个陌生的符号、公式，在这位诗人面前跳动。好一个徐迟，并不在意，他善于驰骋想象："天山的雪莲"、"抽象思维的牡丹"、"飘逸的仙鹤"。"玉羽雪白，雪白得不沾一点尘土；鹤顶鲜红，而且鹤眼也是鲜红的……"一串串美丽动人的意象在眼前摇曳。陈景润和徐迟，一个在数学的抽象王国中拭目巡视，一个在文学的形象世界里纵情神游，两人相得益彰。

有许多次，徐迟耐心地端坐在陈景润面前，细细地打量着这位数学奇人：消瘦，清癯，眉眼间洋溢着俊逸之气，戴上眼镜，显得更像一个书生。并非如传说中的那么怪，也不像人们议论中的那么迂和傻。他佩服陈景润的记忆力，谈起当年在英华中学就读，第一次听沈元教授讲哥德巴赫猜想，陈景润描绘得栩栩如生，毫不语塞，语言流畅，且不乏情感色彩。论起数学、数论，更是如兵家指点沙场，颇有撒豆成兵的奇妙。他的思维轨迹，依稀有神秘的电磁感应，错综复杂，但是只须一接通，便满目异彩纷呈，倘若搭错了，便上句连不了下句。陈景润是一首诗，清晰而朦胧，平凡而瑰丽。在诗坛跋涉数十年的徐迟，细心地揣摩着他心中的意象。

《哥德巴赫猜想》发表以后，一时洛阳纸贵。从文学史来看，《哥德巴赫猜想》是新时期报告文学的开山和奠基之作。它将和夏衍的《包身工》、宋之的《一九三六年春在太原》一样，永存史册。

徐迟在数学所采访期间，给他帮助很大的是当时的党支部书记李尚杰同志。这位来自解放战争第二野战军的党的基层干部，质朴而真挚，他一直关心爱护着陈景润，在陈景润病重直到去世，一直守在陈景润的身旁。他也是陈景润信任和要好的朋友，他为徐迟提供了大量的关于陈景润的真实材料，使这位诗人得以比较全面了解这位数学奇才。

《哥德巴赫猜想》凝聚了徐迟满腔的激情，他第一个向全国的读者报告了陈景润冲击哥德巴赫猜想这一世界数论名题的史诗式的事迹，活灵活现地勾画了陈景润献身科学的形象，在全国人民尤其是青年一代中引起了强烈的共鸣，陈景润因而走到人民的心中，成为一代人学习的楷模。"学习陈景润，为实现四个现代化攀登科学高峰"，成为亿万青年的心声，它产生的激励和鼓舞作用，是不可估量的。

徐迟是一个诗人，他的《哥德巴赫猜想》洋溢着浩浩荡荡如江河横溢的诗情画意，堪称是雄奇壮阔的丰碑式的作品，或许是采访的时间过于仓促，徐迟在数学所仅一个多星期，或许，是诗人过分痴迷于想象的伟力，或许，是徐迟坚持他昔日的错误主张：报告文学在坚持基本事实属实的情况下，可以容许在细节上进行虚构，因此，在陈景润这一人物的定位上，徐迟的界定是：数学上是巨人，生活上是怪人。而实际的陈景润，数学上是巨人，其他方面都是孩子。人物定位上的某些失之偏颇，在当时的时代背景下，是不可苛求于值得人们永远尊敬和怀念的徐迟的。

陈景润和徐迟，科学界和文学界的双璧。"君子之交淡如水"，他们的情谊，将伴着《哥德巴赫猜想》一文的风采，装点着祖国大踏步向四个现代化进军壮阔的风景线。

⊙→ 旋风的中心

☆☆☆☆☆

旋风的中心却是平静的。荣誉、地位、名利，伴随着鲜花、掌声一起向他涌来的时候，陈景润表现出非凡的冷静。在这些世俗所瞩目的领域，他，恰似不谙世事的孩子，只有偶尔带着惊奇的目光，打量着繁花一样的特殊世界。

每天，都有雪片一般的信件，从四面八方飞来，多数是慰问信，其中，不乏姑娘的求爱信。不少好心人才发现，陈景润已经四十多岁了，应当有个家了。尤其是要好的同事、同学，更是希望盛名之下的陈景润，能够找个好伴侣，于是，极力劝说他考虑这一重要的人生问题。陈景润仍是按照老习惯，笑吟吟地给你鞠个躬，或者敬个礼，连声地说："谢谢，谢谢！"然后转身就走。陈景润的思维与众不同，越是出名，他越觉得自己肩上的担子重，仿佛有无数的目光在注视他，那是焦虑的渴望和殷殷的期盼，那朝思暮想的数论皇冠上的明珠，哥德巴赫猜想中的（1+1）恰似珠穆朗玛峰山巅，无限风光，时时都在呼唤他。他一直盼望能亲手攻克（1+1），完成几代数学家的夙愿。

尽管，人们时时关注着他的健康，他已经多次住院治疗，身体较之于过去，已经好多了，但他仍是怕冷。9月，北京尚是金秋，有人还穿衬衫，他还是离不开那件褪了色的松松垮垮的蓝色面料的棉大衣。习惯难改，他仍是喜欢把双手套在袖筒里。戴着那顶有护耳的布棉帽。名人陈景润的气质、模样，和以前并没有太多的变化，只是那张总带着孩子气的脸，少了些忧郁，更多的是开朗。偶尔，人们也会发现陈景润一边走，一边看信，有时，会独自发出笑声，熟悉的人们会情不自禁地问：

"是姑娘的求爱信么？"

陈景润那张有点苍白的脸，兀地红了，他还羞涩呢！

他笑了，笑得像个孩子。手上握着的恰好是张姑娘的照片。如花如月的陌生姑娘，正把最美的娇容，展示给陈景润。奇怪，陈景润就是不动心。

他从不把这些姑娘柔情依依的求爱信给其他人看，包括很要好的朋友。他感谢这些纯洁的姑娘的一片芳心，一片崇高的信任。他把这些信细心地封存起来，藏在一个不易被人发现的地方。陈景润的爱情大门紧紧地关着，是珍惜着那美丽的初恋，还是一腔思绪，全让那些数学公式、定理占领了，以至丘比特的神箭也无法射进这位数学家的神奇领地。

当然陈景润有时也会开开玩笑，全国第二届国家自然科学奖，这是自然科学最高的奖项，人们把我国数学界有特殊贡献的陈景润、王元、潘承洞，还有杨乐和张广厚都提上去了。陈景润笑着："还有维诺格拉多夫！"引起了大家一片笑声。陈景润、王元、潘承洞获一等奖。杨乐、张广厚获二等奖。

当名人并非易事。各种应酬，往往应接不暇，能够推辞的，他尽量推辞，但有两方面的内容，陈景润是很乐意前往的，一是给北京的中小学生开讲座，他喜欢孩子的天真、纯洁，更寄希望于他们。只要时间允许，他一定应约。他的讲座是很认真的，既讲数学，也讲祖国对青少年的期望，别看他平时不善言辞，但一到孩子们中间，他就变得年轻活泼，说话也朗朗上口，难怪北京的不少学生和老师对徐迟的《哥德巴赫猜想》略有微词，认为陈景润一点也不怪，也不傻，说的话句句在理，原因便在这里。二是接受故乡、母校的邀请，参加各种各样的校友会和校友活动，他只要健康状况允许，总是热情地前去参加。母校厦大不必说了。当年就读的英华中学邀请他去，他也欣然前往，并作了热情洋溢的讲话。不甚出名的三明一中，是陈景润念初中的地方，当时，陈景润才 13 岁。三明一中的校长上北京看他，陈景润热情接待，并且高兴地合影留念，给三明一中题写了"祝母校欣欣向荣"的题词。接到一些以青少年为读者对象的约稿，他同样认真撰写稿件。

盛名之下的陈景润，毫无名人派头。清清白白地做人，认认真真地攻关。他是一棵质朴无华的大树。

➡ 美国之行

★★★★★

1979 年 1 月。

陈景润应美国新泽西州普林斯顿高等研究院院长沃尔夫博士的盛情邀请，首次出访美国。第一次走出国门，一切是那么新鲜，那么令人振奋! 中国共产党第十一届三中全会刚刚结束不久，这是第二次"遵义会议"，是中国历史具有划时代意义的伟大转折。幸运的陈景润，正是乘涌动于全国的澎湃春潮，飞向美国的。

多情的美国朋友密切关注着中国的变化，他们狂放地伸出手臂，热情拥抱来自神秘东方的数学家们，陈景润在哥德巴赫猜想攻关方面的杰出贡献，更是令他们赞叹不已。他们特地给陈景润安排了一套三室一厅的住房，里面铺着灰色的地毯，简朴，大方，透过宽敞明亮的玻璃大窗，一眼就可以看到一片绿漾漾的针叶林。

普林斯顿当年是美国南北战争时期的古战场。烽烟早已散尽。占地 2.5 平方公里的地方，成为世界闻名的学术研究中心。聪明的山姆大叔，全球意识向来十分强烈，他们本国的科学家并不少，却还是利用雄厚的经济实力，聘请世界各国著名的科学家到美国从事研究。因此，一批常住教授在这片风景优美的地方，正从事着神圣的工作。

陈景润是应邀到这里来从事研究的，没有教学任务。然而，他的到来，仍然引起了不少轰动。美国的《纽约时报》很快刊登了陈景润到美国的消息，并登了一幅他的照片。普林斯顿大学立即邀请陈景润去做学术报告。

一身西装，且纤尘不染，头发新理过了，淡淡地烫了烫，领带是同行的朱世学替他系上的，皮鞋也是新擦过的，第一次走上国际学术讲台的陈景润，容光焕发，潇洒动人。闻讯而来的学者、专家把教室挤得水泄不通。不少人是看到报纸上刊登的消息后，驾车从上百公里以外的地方专程赶来的。陈景润苦学英语几十年，这一回派上了大用场，他用英语讲演，游刃有余，侃侃而谈。韵味绵长，乡音未改，但那精深博识的内容，使所有的到会者如痴如醉。浪漫的美国人没有一个人提早退场，他们用最热烈的掌声表示崇高的敬意。

演讲十分成功。陈景润在美国的工作，主要是从事研究。这里藏书极为丰富，世界各地的数学研究的资料、信息，更是让行家们为之倾倒，通晓英语的陈景润犹如进入神话中的"太阳岛"，发现遍地皆是珍奇，他恨不得把每一分钟的时间都留住，用于学习和研究。

痴心不改。他很快就恢复到国内那种痴迷数学的境界。美国风光，诱惑着多少为之神往的人们，而到了美国的陈景润，什么地方都不去游玩，整天就是泡在书房、办公室、图书馆中。

常有驻普林斯顿高等研究院的外国专家慕名前来拜访，这些人被称为"终身教授"，有时也约陈景润出去散步，这是最为惬意的时刻。一般是在傍晚。夕阳西下，满地铺金。按老习惯，陈景润要听收音机，收听英语广播，几十年如一日，雷打不动。一边和外国朋友散步、闲谈，一边听收音机，别有风味。陈景润懂礼节，也会去回访这些学者，送点画册之类的小礼物作为纪念。科学是没有国界的，善于吸收别人先进的东西，自己才会有更大的进步。

偶有闲暇，远在异国，陈景润也有莫名的思乡之情浮上心头。此时，同行人们才发现陈景润的心细之处。出国时，他把相册带出来了，一张照片，便是岁月瞬间的永恒。他一人独处，常细细地看那些照片，是想起那些铭刻心中的往事，还是思念在另一个半球的亲人和朋友呢？

这是陈景润一生最为惬意的时节，在美国放牧闲暇，也放牧那念念不忘的攻克哥德巴赫猜想（1+1）的壮志。陈景润去美国，国内有人谣传，他不回来了。实际上，这位数学家是祖国忠诚的赤子。在新泽西州普林斯顿高等研究院研究了四个月之后，陈景润飞回北京。

走时漫天飞雪，回来已是柳绿花红。中外记者闻讯到机场去采访回国的陈景润。身穿整齐西装的陈景润，满面笑容，脸上洋溢着青春的绯红，他向记者宣布：把在美国做研究工作所节省下来的 7500 美元，全部捐献给国家。

　　7500 美元，在当时可不是一个小数目。它凝聚着陈景润的一腔心血和满腹的艰辛，更凝聚着陈景润对祖国的赤子之情。记者们当时或许并不清楚，它是陈景润靠吃面条节省下来的呢！

玫瑰色

→ 缘　分

★★★★★

　　全国科学大会结束以后，身体欠佳的陈景润住进了北京解放军 309 医院高干病房。

　　其时,徐迟的报告文学《哥德巴赫猜想》,已把陈景润炒得家喻户晓。陈景润的到来,受到这家部队医院的盛情接待。医生、护士们出于崇敬和好奇,都争相一睹陈景润的丰采。

　　1977 年 11 月从武汉军区派到 309 医院进修的由昆,并不是第一批去看陈景润的。同事们看到陈景润,回来嘻嘻哈哈说个不停:"名人,原来是这个样子的。"出于好奇,由昆拉了一个伙伴,一起去看陈景润。

　　这真是一份奇缘! 年近半百的陈景润见到由昆,眼睛一亮,主动地和由昆打招呼,亲切地请她们坐下。素来口讷的他,话也多了。令许多人为之入迷的爱情第一印象,正如古人所说的一见钟情，居然神奇地把陈景润紧锁了几十年的爱情大门催开了。后来，由昆被分配到陈景润住的病房当值班医生，接触的机会多了。每次由昆一出现，陈景润就显得特别高兴。有一天，他关切地问由昆：家住哪里？有没有成家？有没有男朋友？性格爽朗的由昆，毫不设防，她想也没想，便心直口快地回答："没有，没有，还早着呢！"

他们慢慢地熟悉了。高干病房实行包餐制，饭菜品种很丰富，但陈景润总是点一碗面条加两个鸡蛋，由昆觉得奇怪，就问道："你怎么那么爱吃面条呢？"陈景润回答："面条好，吃得快，好消化。"说完，反问由昆一句："你喜欢么？"由昆回答："我爱吃大米。"

过了一会儿，她听见陈景润自言自语地说："我吃面，你吃米，正好！"当时，北方缺大米。北京的大米是按定量配给的，陈景润说得很认真，仿佛是经过深思熟虑之后，才得出的一个结论。

由昆心里一动，思忖着：我吃米和你吃面有什么关系？这个陈景润真有点怪。单纯质朴的女军人的思维逻辑，毕竟没有数学家那样严密，她哪里想到，这便是陈景润第一次抛出的探空气球呢！

他同样有七情六欲。不同于一般人的是，他不乏痴心追求者的心计和谋略，驰骋数学王国的他，懂得按照数学的运算规律，一步一步地把他的意中人引入已经设好的方程式中。

他不动声色地询问由昆学习英语的情况，偶尔，也用熟练的英语和由昆交谈几句，简单而韵味悠长的对话，使由昆产生了很大的兴趣。过了一会儿，陈景润告诉由昆，英语是要天天学的，只要一天不学，就会生疏甚至淡忘，他和善诚恳地提出："我们一起学英语吧！"

由昆一口回绝了。她急促地说："不行，不行。医院有规定，不准打扰病人，我还是一个人学。"

陈景润并不着急："这怎么叫打扰呢？反正我也是要学的。"说完，又自言自语地说："两个人一起学，比一个人好。"

当然，姑娘的心是敏感的，和陈景润接触多了，不乏聪慧的由昆偶尔也会从陈景润那双炽热的目光中，读出难以言传的内容。爱情的密电码是不以年龄为鸿沟的。但她很快又自我否认。陈景润是举世闻名的大数学家，无论是年龄、学识，还是性格、气质，都不具备这种可能。于是，她一如既往，一方面尽医生的天职，细心周到地关心陈景润的健康；一方面老老实实地当学生，向陈景润学英语。

陈景润一边住院，一边钻研他的数学。艰难竭蹶的跋涉之旅，只要看到由昆那婷婷身影和明丽大方的笑容，他就感到莫大的欣慰。坠入情网的数学奇才，同样有热恋者相思的苦恼和焦虑，他那丰富细腻的爱情世界，虽不像才子佳人式的缠绵，但并不乏曲折摇曳的戏剧色彩。

→ 突然袭击

★★★★★

这一天，由昆同往常一样，正专心致志地和陈景润一起学英语，她觉得今天有点不大寻常，面前这位先生总是局促不安，某种莫名的预感，倏地闪过心头。毕竟是军人，立即撤退，她暗下决心，拔腿就走，但为时已晚了，陈景润抢先一步，喊住了她：

"我……我有一件事……"陈景润满脸通红，结结巴巴，憋了许久，好不容易从心坎里挤出，但一出口，就被卡在喉咙里。

聪明的由昆已经预感到他要说的是什么了，仿佛，面对一场突兀而至的突然袭击，她惊慌失措，不知怎么办才好。绿色军营，军纪森严如铁，对于爱情，她从来不敢越雷池一步。多情的月老，怎么会把她和陈景润牵到一起呢？

她本能地想走，但看到陈景润那孩子般

焦急无助的模样，善良的由昆两腿怎么也迈不开去。

"我想……我们要是永远在一起就好了。"陈景润几乎用尽了当年攻克哥德巴赫猜想（1+2）的所有力量，才把这句最重要最关键的话挤出心头。话语很轻，说完，仿佛是一个做错了事的孩子，等待着一场暴风骤雨。

当证明自己的感觉已经化为真正的现实时，由昆恰似被逼到了悬崖上，无路可退，此时，她才真正地慌了。

迅雷不及掩耳，事情的发展，委实太突然了。

"这不可能，不可能的。我脾气很不好，很不好的。"心慌意乱的由昆，一直说着自己的不是，"我们不能在一起的，在一起，准会吵架……"

不知该用什么语言，才能筑成一道防线，抵御这位数学巨星赤裸裸的进攻。此时，她才感到自己是那么的无力，平时那一副泼辣劲儿不知道往何处去了。

"你要吵架，我不吵，就吵不起来了。"陈景润抓住了由昆一句话的漏洞。

"不可能，反正是不可能的。"由昆低首垂眉，仍是一口拒绝。

或许，是怜悯由昆那一副被动无奈的神态，或许，是后悔自己的唐突，给自己的心上人造成伤害，陈景润忧伤地说：

"我知道自己年纪大了，身体又不好，你不同意，我尊重你的意见，只是除了你，我这一辈子也不谈恋爱，更不结婚了。"

不是信誓旦旦，但比海誓山盟具有更大的撼动心灵的伟力！由昆心里一动，陈景润的话使她感到心疼。她崇敬陈景润，十分同情他不幸的遭遇和命运。一种从未感受到的激动，如大海涌来的波涛，漫过心田。她惶惑而深情地看了陈景润一眼，才慢慢地走出病房。

好人多助。陈景润万万没有想到，关键时刻，一位颇有远见卓识的老军人助了他一臂之力，为这个爱情故事增添了更为深邃亮丽的色彩。他就是由昆的父亲，部队一位资历颇深的首长。

作为慈祥的父亲，他不得不像女儿一样，考虑陈景润的健康、年龄。最美好的爱情，人生只有一次，况且，系着女儿漫长的一生。他相信陈景润那如苦竹般顽强的生命力，更相信女儿的品格。爱情，不是相互索取，而是相互搀扶，共度人生，只有如此，平常的爱情，才会产生神奇的力量。

他给远在北京的女儿写回信了。洋洋洒洒十多页纸，他把女儿当做自己最熟悉最亲近的朋友，毫无保留地倾吐自己的心声。爱心如海，一派澄碧，拭尽尘俗，拭尽疑虑。信的末尾，他强调：陈景润是认真的，请你不要伤害他。然后又补充了一句：也不要伤害你自己。

爱情的发展总不像人为设计的那么舒缓有致。鸿雁传书，这封信还来不及送到北京，这幕爱情，忽地高潮又起，演出了更为动人的一幕。

→ 又一道"猜想"

★★★★★

　　由昆像一只受惊的小鸟，已经好几天不去跟陈景润学外语了。

　　陈景润可是按捺不住了，整天惶惶不安，由昆是同意还是不同意，或是有什么心思呢？姑娘的心瞬息万变，爱情，同样是人生一道难以破译的"猜想"。缜密的逻辑推理并不能追踪那灵秀多姿的爱情之光。

　　一天查房之后，陈景润把由昆喊住了，问她："你怎么不来学外语了呢？"他焦虑地说，"学外语是停不得的，要天天学才好。"他是真诚的，谙熟数学分项原理的他，仿佛要把学外语和谈恋爱截然分开，他想起有些唐突的求爱，于是，诚恳地向由昆道歉，说道："是我不好，我会尊重你的意见，请原谅。谢谢，谢谢！"由昆见他似乎永远脱不尽的孩子似的天真，心肠反而软了。人的情感波澜真是难解的谜，有些时候的突兀变化，往往就在极为短促的一念之中。不知是怎么一回事，由昆居然会把一个重大的"军事机密"透露给陈景润："我已经给远在武汉的父亲写了信，征求他的意见。"

半空中突然落下一个绣球，一支人间最美丽的乐曲忽地从天外飘来，依稀有一缕阳光突然照进了心房，陈景润炽热的目光直视着由昆，急促地问：

"那你自己同意啦！"由昆红着脸，没有否定，也没有肯定。然而，在爱情上如孩子般天真的陈景润，只要如此，就十分满足了。他越想越高兴，

△ 陈景润和夫人由昆

越想越得意，心里比喝了蜜还甜。一种从未体验过的幸福感，如排山倒海席卷而来的巨浪，豁然冲开心灵的闸门，其势并不亚于他当年攻克哥德巴赫猜想（1+2）之后的妙不可言的感受。

疗养期间，他的行动还是比较自由的，当天，他兴冲冲地从医院里溜了出来，一路脚步生风，跑到位于中关村的数学研究所，当着他的许多同事，郑重地宣布：

"我有女朋友啦，我有女朋友啦！"

这真是天大的爆炸新闻，其影响绝不亚于在中科院扔了一颗炸弹！人们向他祝贺，怀着好奇，向他打探这位女朋友的情况。"她叫由昆。"善良人总想把自己的欢乐和幸福分享给人家。陈景润一身的孩子气，淋漓尽致地展现在思维极为缜密的研究所里。于是，一阵阵开怀的笑声便把这场喜剧推向了高潮。陈景润满面红光，病容烟消云散，变成了一个浑身朝气蓬勃的小伙子。他从一楼奔到五楼，又沿着长长的走廊走去，告诉所有遇到的人，认识的，不甚认识的，都说，仿佛要把这天下最为珍贵也最为甜蜜的幸福，分享给所有的人。

这就是天真无邪的陈景润。

1980 年 8 月 25 日，他们终于登记结婚了。数学所给陈景润调了一套一室一厅的旧房，他从此搬出了那间 6 平方米的锅炉房，开始了同样富有传奇色彩的小家庭生活。

→ 由昆：我真的心疼他

★★★★★

陈景润结婚以后的生活，美满幸福。开始，他和由昆分居北京和武汉。到 1983 年 9 月，由邓小平同志亲自过问，由昆才调到北京。

后来，由昆怀了孩子，陈景润喜不自胜，对由昆照顾体贴入微，抢着去做家务事。买菜、换煤气等琐事，全由他一个人包了。由昆生下了胖小子，陈景润给他取了个小名：欢欢。很像可爱的大熊猫的名字。他十分尊重爱护由昆，笑吟吟地说："你生孩子太辛苦了，孩子跟你姓吧，取名由伟。"由昆说："这怎么行！"于是加上一个陈姓，变成了"陈由伟"。由昆坐月子期间，陈景润按照福建人的规矩，天天给由昆进补，天不亮，陈景润就去屠杀场买新鲜的猪蹄、猪肚等东西，回来用红酒炖给由昆吃。一个月下来，原来苗条的由昆长得又白又胖，体重达到156斤。陈景润自我欣赏自己的"功劳"，说道："这样好，这样好，终于把身体补上了。"

对于孩子欢欢，陈景润更是爱在心头，他喜欢抱孩子，但姿势实在让人好笑，头朝下、脚朝上，像是抱着一个炮弹，引得由昆笑得直不起腰来。经过纠正，陈景润才学会了抱小孩。

陈景润爱花，爱树，爱大自然。小小的阳台上，种了许多花。吃过的西红柿、瓜果，他都细心地把籽留下来，晒干，然后再种上，从冒芽到结果，他都像孩子似的感到惊奇。西红柿、瓜果有了收成，他像孩子般地高兴，爱不释手。

陈景润爱看由昆穿军装的模样。每逢庄重的场合，由昆一身戎装，显得英姿飒爽，陈景润就像孩子似的轻轻地抚摸着草绿色的军装，说道："由，你穿上军装才真正地漂亮，我左看右看，总看不厌！"

陈景润生活条件好了，仍不忘节俭，他很早就告诉由昆，外国念大学是要钱的，我们中国的大学生，由国家包下来，这种状况不会维持太久。果然被他言中，后来，各大学都开始收费。他们精打细算，节省下来的钱准备以后供欢欢上大学，他疼爱欢欢，但不宠他，很注意培养孩子的创造精神。欢欢小时候，活泼，懂礼貌，遇到阿姨、叔叔、伯伯都会主动问好。他爱画画，在家中的墙上画了不少儿童画，充满了想象和稚气，陈景润并不制止，但告诉欢欢，到外面不得乱画。小欢欢从小爱动脑筋，陈景润很高兴，每逢提出问题，总是耐心启发他思考，然后再给答复。他爱问为什么，爱探究根底，手电筒为什么会亮？计算器有什么用？有时，会把这些东西拆开，然后一一装上去。陈景润从细小的事情上培养欢欢的求知精神。从小学开始，欢欢成绩就不错，虎

△ 陈景润幸福的一家

头虎脑一副机灵劲儿，能吹小号，是个挺帅的小号手。

　　陈景润的家庭，宁静，温馨，洋溢着浓郁的书卷气。

搭 梯 子

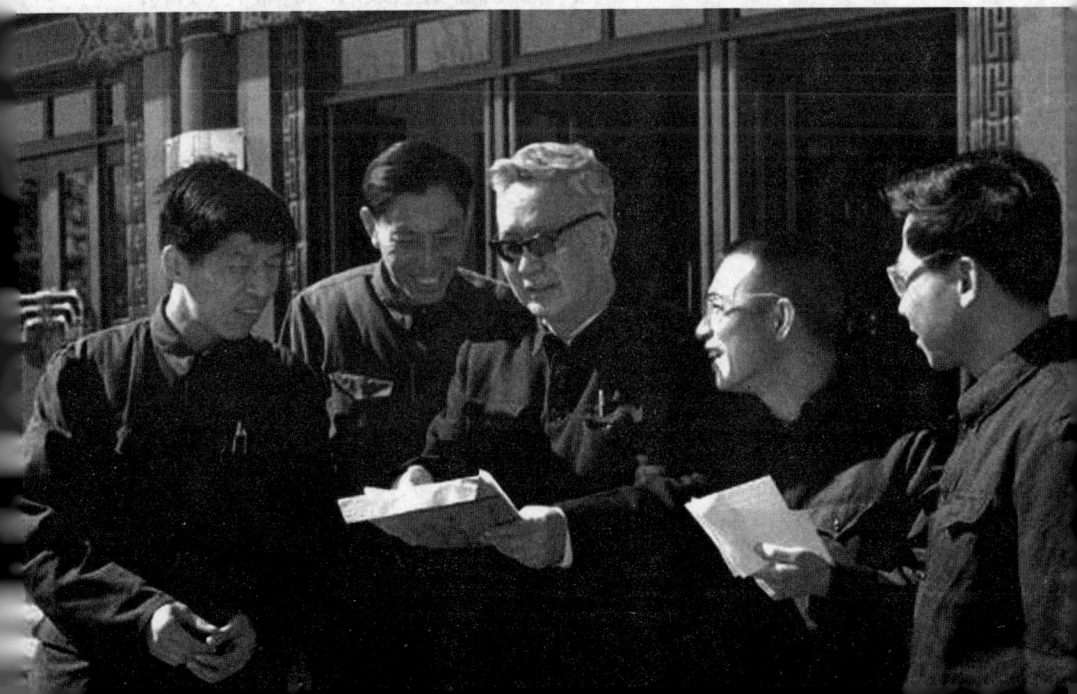

⟶ 凌晨3点的灯光

★★★★★

1981年4月,陈景润回到久别的母校——厦门大学,参加厦大建校60周年校庆。从事业来说,他是从厦大起步的。置身其中,陈景润感到有一种如大海般沉雄磅礴的伟力在催动着他,加快步伐,去摘取哥德巴赫猜想最绚丽的明珠,攻克(1+1)。

对于哥德巴赫猜想最后一道难关(1+1),必须选择一种崭新的方法,用陈景润自己的比喻来说,必须搭起梯子,才能攀上悬崖绝壁,去摘取这颗最明亮的星星。

"搭梯子",一个巧夺天工的工程,一次重新开始艰难跋涉的万里长征。只有内行的陈景润才能体味其中呕心沥血之苦和阅尽艰难险阻的壮美。它仿佛是一个朦胧而清晰的倩影,可见而不可触,令人神采飞扬而又备受难以捕捉的煎熬之苦。一想起它,一种难以言状的亢奋和自甘为之熬尽心血的夙愿，便油然从心中升起。

再也不是当年屈居在 7 平方米勤业斋小屋中病恹恹的陈景润了。这次回母校参加校庆，陈景润是最受欢迎也最受尊重的嘉宾之一。到了厦大，被安排在设备完善颇为豪华的宾馆式的招待所里。他和老朋友、老同乡、老同学林群院士同居一室。

林群院士后来深情地回忆起这段难忘的日子：

陈景润睡得很少，每天晚上，大约 12 点钟以后，才能入睡，令我惊奇的是，他入睡很快。有时鞋没脱，衣服也不脱，就躺下了。不久，就传来了轻轻的鼾声。到凌晨 3 点，他就醒了，他怕影响我休息，动作很轻，然后，轻手轻脚地到会客厅，打开灯，开始伏案工作。我睡意浅，醒了，问他："你去干什么？"

陈景润见惊醒了我，十分过意不去，连忙道歉，说道："真对不起，对不起，我去干一会儿活。"说完，便走出门去。

事后，陈景润告诉我，他一直在做冲击哥德巴赫猜想（1+1）的"搭梯子"工作。私下里，他也曾叹息说："原来用于攻克（1+2）的筛法已经不适宜用于攻克（1+1）了，必须另外找一条路，路在何方呢？可能根本没有路，只有搭梯子才能爬上去。"

凌晨 3 点的灯光，如微茫的希望，点缀在这座被人誉为"南方之强"的校园里。夜很长，很静。近在咫尺的闽南第一寺南普陀，善男信女早已沉沉进入梦乡，浓墨重彩的亭台楼阁也悄无声息地消融在浓重的夜色之中。喧闹一天的大海，也酣然入梦。只有陈景润，竭虑殚精，用一个个数字作为一砖一石，执著地铺就一条通往未来的路。

陈景润越想越睡不着，他恨不得把一天当做两天用。陈景润的脚步，仿佛踏在生命之弦上，每一步都在心头激起强烈的震撼和回响。

→ 四本科普读物的诞生

★★★★★

科学是悲壮的。同样需要前仆后继的精神。

摆在我们面前的有四本书，它们和陈景润撰写的论文迥然不同，而是生动活泼通俗易懂的普及读物，这是陈景润留给全国青少年最珍贵的礼物。

一本是《哥德巴赫猜想》，由黑龙江教育出版社 1986 年 5 月出版；第二本是《趣味数学趣谈》，辽宁教育出版社 1987 年出版；第三本是《组合数学简介》，天津科学技术出版社 1988 年 7 月出版；第四本是《初等数论》，科学出版社 1988 年 9 月出版。四本书，恰似四叶可爱的小红帆，引导着全国千千万万的青少年在数学的海洋中乘轻舟游弋。

不乏远见的陈景润，在久经战阵之后，也深深地感受到，攻克这最后的难关，不仅需要他继续拼搏，更需要有亿万的后来者去冲锋陷阵。这本难得的小册子，无疑是春天的种子，已经播撒在无数热爱数学的青少年的心田里，总有一天，人们会看到丰硕的收获的。

大千世界，从数学角度审视，可以说是一个数学世界。抽象的数学符号，同样可以编织出撼天动地的交响诗，也可以谱写意境幽远的小夜曲。数字，在揭示、表达、演绎着我们这个无限世界无数迷人的童话、神话。当人们惊叹航天世界中卫星准确定位，宇宙飞船分毫不差地对接成功的奇迹时，通晓数论的行家告诉人们，这只不过是数学戏剧中的几则小品。数学的博大精深是无与伦比的，而同时又是兴趣无穷的。陈景润曾经给他的儿子欢欢做过一道数学题，从 1 加到 10，得数是多少？这就是一道趣味数学题，采取两头相加的方法，很容易得出结果。陈景润写的《趣味数学趣谈》，正是从人们所乐于接受的兴趣入手，让青少年乐融融地神游数学世界。这本书，处处洋溢着智慧的闪光，处处都回荡着天真无邪的笑声。书如其人，言为心声，数学书同样如此，你想了解陈景润那颗不泯的童心么？你想一识陈景润那大智若愚的非凡智慧么？偶尔一读这本通俗易懂且情趣横溢的书，是很有兴味的。

《组合数学简介》《初等数论》皆属于介绍数学入门的读物，条理清晰，谆谆善诱，且由浅入深，同样是青少年科技读物中的佳品。数学是自然科学中的基础学科，它的普及程度和水平的高低，和我国四个现代化的前景紧密相连。富有远见卓识的教育家、专家多次呼吁，希望那些学识渊博的学者为青少年撰写科普读物，并从跨世纪的高度来认识这一宏伟的奠基工程，陈景润的行动，正是适应这一时代潮流而又独具远见的典范。

四本薄薄的小册子，同样蕴含着沉甸甸的分量。

→ "我在搭梯子"

★★★★★

我们一次次地在鲜花和赞美中寻觅陈景润的足迹。事业、家庭皆十分完美的陈景润，并没有重蹈许多英雄的悲剧，他仍是一如既往地背着行囊，艰辛跋涉在通往哥德巴赫猜想顶峰的道路上。

童心无欺。要从陈景润的口中采访到他冲击（1+1）的情况，是不可能的。他在科研上，一生严谨。深奥的数学公式和繁冗的推理过程，外行人无法听懂，他也不作介绍。冲击过程中的艰难，只有他自己才能体味其中的苦涩，不善言辞的他，更不懂得如何表达。采访艺术娴熟的记者，终于发现了欢欢不仅是个天真可爱的孩子，而且是懂得某些"军情"的"重要人物"。

欢欢从小很有礼貌，对前来采访的记者们热情而又感到新奇，当记者问到陈景润的一些情况时，他所透露的一些"内幕"是很有兴味的：

"每天，我爸爸总是很迟很迟了还不睡觉，问他忙什么，他说，做作业。也就是做数学题。经常做到第二天三四点钟还不睡觉。有一回，我

△ 陈景润一家（张新学摄）

妈妈生气了，和爸爸吵了起来，爸爸才磨磨蹭蹭地去睡觉。"说到这里，欢欢笑了，记者也笑了。

军人出身的由昆轻易不透露"秘密"，见儿子漏了点底儿，才解释说："先生干起活来，往往就忘记了自己的健康。我原来脾气不大好，任性，结婚以后，却很少能生起气来，我理解先生的心情。有时，实在忍不住了，会发火，但只要我一生气，先生就听我的了。"由昆话音一落，把陈景润也逗乐了，他忙不迭地打圆场：

"我听由的话，我听由的话。"

于是，屋子里便爆发出一阵阵爽朗的笑声。

陈景润把做好攻克哥德巴赫猜想（1+1）的外围工作，形象地比喻为"搭梯子"。"搭梯子"何其容易？只有搭好人生的梯子，才有可能搭好科研攻关的梯子。

在"搭梯子"的漫长岁月里，陈景润做过多少题目，真是算不清了。过去，他的草稿纸是用麻袋装的，后来，一摞摞地置放在书房里，有不少还放在办公室中。他已去世一年多时，当你走进数学所，在昔日同事的案头上，或者在办公室的柜子里，陈景润的草稿纸随时可能找到。字迹如镌如镂，恰似就在昨日留下的，印记着这位数学巨人深深浅浅的脚印，也印记着无法让人释怀的记忆和淡淡的遗憾。

陈景润生命的最后几年，依然在不懈地做着"搭梯子"的工作。他的最后一篇论文，是和王天泽先生合作的《关于哥德巴赫问题》，梦魂萦绕数十年，数学皇冠的夺目异彩，一直烛照着他生命的全部航程。

　　陈景润病重期间，眼睛睁不开，需要按摩达一个多小时，才能睁开一点点，懂事的欢欢从小就给陈景润按摩，竟然练就了一手让专业医生都感到惊奇的按摩本领。然而，他的头脑始终是清醒的，他躺在病榻上，和他的研究生一起，仍在不懈地探索着攀登之路。

　　耗尽了生命的全部光华，遍寻数学的群山峻岭，陈景润虽然没有找到这条通往哥德巴赫猜想（1+1）峰巅的神秘小径，也没有搭起那架耸立云天直达九霄的"梯了"，但他的人生轨迹所焕发的崇高精神，却编织出一道足以让后来者继续攀登的阶梯。人生的梯子，应当像陈景润那样走，才能走进光辉的明天。

→ 陈景润哭了

★★★★★

男儿有泪不轻弹。陈景润轻易不掉眼泪。

有了盛名的陈景润，却在一个特殊的场合哭了，而且哭得那么伤心。

从 70 年代初期开始，陈景润就横下一条心，要尽全力拼搏，争取为这场攻克哥德巴赫猜想的跨世纪之战，画上一个圆满的句号。转眼十年过去了，三千多个日日夜夜，无声地消融在杳无踪迹的跋涉之中。路在何方？"梯子"在哪里？回首往昔，莫名的惆怅和感伤，情不自禁地浮上心头。

能出现"山重水复疑无路，柳暗花明又一村"的奇迹么？陈景润曾无数次期盼过，从冬盼到春，从黑夜盼到天明，当失望如日复一日的平庸，几乎把心灵磨出老茧的时候，最刚强的汉子也会为蹉跎岁月而感到深深的忧伤。

1984 年的夏天，一位德国的数学家访问中国，他慕名找到陈景润。皆是行家里手，他们谈得很投机。陈景润的英语水平较高，不必借助翻译，双方可以坦然相谈，他们一起讨论攻克哥德巴赫猜想问题，说着说着，陈景润哭了，而且哭得很伤心。来访的外国朋友并不感到突然和意外，只是静静地坐在一旁，仿佛，在细细体味这位东方数学奇人的心境；仿佛，在默默分担这位数学同行的焦急和忧虑。陈景润的助手李小凝也端坐一旁，他没有劝解，也不知道怎样劝解这位老师辈的数学巨匠。这是他第一次看到陈景润流眼泪，听到陈景润那令人心碎的哭声。是痛感自己经过十年苦斗，毫无进展而悲伤，还是有愧于祖国和人民的厚望，而心存愧疚呢？

　　他在加快速度，在用自己生命的最后力量，去迎接那个世界数学家期盼了两个多世纪的神圣日子。长期苦战，他已经在疲惫之余，感到身体的不适。一到冬天，特别怕冷，从脊梁骨中感到透心的冰凉，视力也开始下降，只有那颗不泯的心，还是炽热的。

　　人们万万没有预料到 1984 年 4 月 27 日，陈景润在横过马路时，被一辆急驶而来的自行车撞倒，后脑着地，酿成意外的重伤。雪上加霜，身体本来就不大好的陈景润，受到了几乎致命的创伤。他从医院里出来，苍白的脸上，有时泛着让人忧郁的青灰色，不久，终于诱发了帕金森氏综合征。令人惊叹的是，得了绝症之后的陈景润，却极少流眼泪，也没有听到他痛哭过。男儿的眼泪是金，偶尔夺眶而出，才让人惊心动魄。

"发事牵情不自由，偶然惆怅即难收。"泪洒战地，一倾真情。科学攻关的征途，悲壮而苍凉。

中溢寰情

→ 拜　年

✦✦✦✦✦

陈景润重情义。

每年春节，第一个走进支部书记李尚杰家拜年的，必定是陈景润。他穿着褪色却洗得干干净净的衣服，面带真诚的笑意，一脚踏进门，便喊："李书记好！李书记新年好！"他并不恭喜李书记发财，他知道，在数学所当书记，是无财可发的。

李书记一家人都喜欢陈景润，也十分了解陈景润。寒暄，让座，沏茶，忠厚的李书记给陈景润端上一盒五颜六色的糖果。

"老陈，请坐，请坐。"李尚杰客气地泡茶、让座。

陈景润站着，始终不肯坐。李尚杰是个长期在基层工作的政治干部，还是第一次遇到这种情况。

拜年的第二家，就是老乡、老同学林群。

这是他最要好也是最亲近的至交。林群比他年长几岁，两个人都研究数学，但方向不同，不在一个科室。亲情浓郁的福州方言，顷刻，便把他们的心融合在一起了。

陈景润没有家，父亲早已去世，继母在"文革"后亦西归了。兄弟姐妹虽多，但天各一方，平时也疏于联系。他是把林群当长兄看的，有什么事都毫无保留地对林群说，说到伤心处，也会流眼泪。林群安慰他，话不多，但入情入理。陈景润听了，往往从中得到莫大的慰藉。历经坎坷的陈景润，能够挨过来，这位老乡、老同学的支持和帮助，功不可没。

中国有句古话：人生得一知己，足矣！陈景润平时对所里的其他人礼貌、谦和，逢人便问好，甚至敬礼，但他心里却是有数的，谁的品格、人格、性格如何，他有一本十分清楚的明细账。他的心灵只向他真正敬重和信赖的人开放。值得人们回味的是，对于他尊敬的领导和知心朋友，陈景润从来不在公开场合说他们的好话，更不要说那种世俗的阿谀逢迎之词了。

心香一瓣，久蕴胸中，正是他的不凡之处。

→ 师生之谊

☆☆☆☆☆

1973 年，陈景润完成了哥德巴赫猜想（1+2）的研究，他第一个想到的，便是让曾经培养和教育了他的老师们分享喜悦。他把那篇发表在《中国科学》上的让世界数学界震惊的论文《大偶数表为一个素数及一个不超过两个素数的乘积之和》，一一寄给母校的老师，并在论文的扉页上工工整整地写上："非常感谢我师的长期指导和培养——你的学生陈景润。"

他是经常感念王亚南校长的。当年，他身处窘境，是这位"懂得人的价值"的著名经济学家、教育家的提携和帮助，把他调回厦大，才使他有了施展身手的舞台。1969 年 11 月 13 日，王校长含冤去世的时候，陈景润也正在"专政队"里被"管制"，后来，他得知消息，痛哭了一场。他的心系着处于逆境之中的王师母，连忙去信安慰。王师母给他寄去了王亚南校长的遗照，很可惜，陈景润没有收到。1981年，厦门大学举行60周年校庆，陈景润应邀回到厦大。他的一颗心挂念着已年过七旬的王师母。那天早晨，陈景润4点多就起床，匆匆吃了点早餐，就乘汽艇渡过海峡，到住在鼓浪屿的王师母家中探望。久别重逢，陈景润紧紧地握住王师母的手，激动地说："我非常非常的想

△ 陈景润和老师、同学合影（左起杨锡安 陈景润 方德植 李文清）

念王校长，非常感激王校长对我的培养和教育。"他恭恭敬敬地站在王校长的遗像前，恳求王师母再送一张王校长的遗照给他留作永恒的纪念，王师母答应了他。细心的陈景润，临别时，赠了一套国画图片给王师母。

他一直和李文清老师保持通信联系。这次回厦大，他是在前往大礼堂参加校庆大会的途中，突然发现李老师的。"是他！"他惊呼一声，立即冲过人群，奔到李老师跟前，并且紧紧地握住李老师的手，激动得久久说不出话来，他告诉李老师："我一定来看您。"果然，两天之后，繁忙的陈景润拨冗到了李文清老师家。

老师是陈景润心中的春风阳光。盛名之下的陈景润，受到学术界的瞩目，请他去做学术报告的请柬如雪片飞来，他太忙了，要集中全部的精力去冲击（1+1），因此，都一一谢绝了。而对于浙江大学的邀请，他却慨然允诺，因为，这是他的老师方德植教授的母校。"爱屋及乌"，因为爱自己的老师，而对老师的母校也情有独钟，这委实是极为难得的。

对于中学时代的老师，陈景润同样是尊敬有加。1981年，福建师大附中（英华中学是它的前身）百年校庆，陈景润曾前去参加。

母校，恰似梦魂萦绕的故园；老师，更胜似骨肉相依的亲人。一泓碧水，辉映着陈景润尊敬老师的赤子之心；江山如画，镌刻着数学巨匠对老师的学子之情。

⊙→ 月是故乡明

★★★★★

虽然，陈景润早年就离开故乡到外面求学，但他一直没有中断和故乡的血肉联系。一到假期，他爱回到这片淳朴的土地，家已迁往城中，老屋也租给他人开店了，他就住在村中小时候朋友的家里，同床共枕话桑麻，或者，到昔日熟悉的山坡、溪水中寻觅无尽的乐趣。

陈氏祠堂，村中最宏伟的建筑，左厢房已经辟为陈景润的纪念室，那里陈列着关于陈景润的资料、照片、书信，详尽而条理有致。甚至包括陈景润去世时的数百份唁电、唁函，都保存得十分完整。不过，最让人心仪的，是保存在庐雷人民心中鲜活的回忆。

村里偶有乡亲去北京，陈景润一接到电话，就会兴高采烈地对由昆说："由，老家来人啦！"说完，就要亲自去接。他把乡亲视为自己最亲的亲人，并且按照故乡待客的风俗，一定要请乡亲在家吃餐饭。此时的陈景润，兴奋、激动，话也多了。

一生拼搏，历尽坎坷，陈景润和生育了自己的故乡，多少次相逢在梦中。一直到他得了重病之后，才有暇回到庐雷，重温那萦怀心中多少载的故园梦。1991年10月1日，正值国庆节，应邀回福建师大附中参加110周年校庆的陈景润，携夫人由昆回到了久别的庐雷。小轿车从福厦公路的15公里处，轻盈地往左边一拐，驰上了一条绿树摇曳、浓荫如泼的柏油路，陈景润那颗思乡之心，顷刻，便荡漾在南国如诗如画的故园中了。当年，这是一条田埂路，陈景润是常常赤着脚从这里走过的，一晃近60年了，往事如烟，说不尽的感慨，化为了绵长回忆，时而朦胧，时而清晰，一幕幕浮上心头。

自发聚拢而来的乡亲，足有近千人之多，形成了夹道欢迎的阵势。"景润回来啦！"这一喜讯，像南国的风，把每个庐雷人的心灵鼓荡得如三月的春潮。

陈景润不用由昆搀扶，一步跳下车。他幸福地笑着，尽管头上已长出了丝丝白发，那张昔日孩子气的娃娃脸，过早地浮出了老人斑，但那人们熟悉的笑容，依然是那样的灿烂、温暖。

　　"景润，景润！"小时候的几个朋友，高声地叫着，从人群中向他奔来，紧紧地握住了他的手，陈景润大大方方地向人们介绍由昆，人们笑了，用道地的福州话议论、品评这位胪雷的媳妇。

　　"他们说你长得很俊，也就是，很漂亮！"陈景润话音一落，便激起一片欢腾的笑声！

　　看望村中的老人，上祠堂祭祀祖先，陈景润和由昆按照福建人的乡俗，恭恭敬敬地点了三炷香，插在"鸭母陈"的祖宗牌前。乡情是山，熔铸了这位数学巨子的坚毅、伟岸、不屈不挠；乡情是海，造就了一代俊杰的渊博、深沉、无比壮阔。

留在长白山的笑容

★★★★★

1991 年 8 月 19 日，陈景润终于实现了去著名的风景胜地长白山一览雄奇风光的夙愿。

这是无比壮阔的旅行，已是身患严重帕金森氏综合征的陈景润，久蕴心中的热爱大自然旖旎风光的天性，被浓浓的游兴激活了。

长白山最美的是天池。山上气候瞬息万变，往往山下晴空万里，山上却是乌云密布，甚至刮起八级以上的大风。人们都说陈景润人缘好，天缘更好。他们一家三口登上天池的时候，风平浪静。天上没有一丝云彩，澄碧如洗。湖畔，有的树叶已经开始红了，满目滴翠，朵朵初红的秋叶，恰似一幅幅精美的油画。陈景润静静地伫立一旁，他没有说话，连走路都轻轻的，真怕一不小心，打破这人世间罕见的恬静和幽深。

长白山人崇敬陈景润，早已在湖边准备好了游船。一条一丈多长的木板从船头伸到岸边，本来，只须七八步就可以跨过去的，细心的人们知道患病的陈景润走路不稳，他们一个个跳到齐腰深冰凉的水里，两旁围起了两道人墙，一个个伸出双手，扶着陈景润走过这不寻常的路。

　　陈景润激动地连声说："谢谢，谢谢，真麻烦你们了，真麻烦你们了！"

　　只有真正赢得了人民尊敬的人，人民才会真正把他们搁在心窝里。

　　游罢天池，便是去看天池旁的温泉了。感叹大自然的鬼斧神工，海拔数千米之上的天池，居然有热气腾腾的温泉在展示着它的神秘。在温泉里煮鸡蛋，是由伟最感兴趣的。此时的陈景润，也完全变成了一个大孩子。他捧着儿子送来的在温泉煮熟的鸡蛋，津津有味地吃着。他无忧无虑地笑了，把最美的笑容，永远留给了长白山。

　　穿过林海，去看长白山的大瀑布，也是他们长白山之行难忘的一幕。

　　陈景润站在惊天动地的长白山大瀑布面前，看莽莽的天河，卷着万斛的珍珠，轰然而下，它毫不迟疑地一头撞击在峥嵘的岩石山，化为千条万条的小白龙，竞相奔往"冠桥"，然后汇入白河，浩浩荡荡地奔流而去！它何其像那些不屈不挠向一个伟大目标前进的人们的人生! 陈景润从大自然的伟力中仿佛领悟到什么, 有些颤抖的脚步情不自禁地挺直了。

长白山中, 还长着伟岸挺拔而不乏秀丽文静的美人松, 又称长白松。陈景润在一棵美人松前停住了。微风拂过, 苍翠的针叶, 翩翩起舞。他略有所思, 又纵目望去, 前面, 是一片气势磅礴的白桦林, 笔直的树干上, 天然的树皮纹, 组成了一幅幅极像眼睛的特殊图案, 它们深情地凝望着陈景润, 是想留住这位数学家的脚步, 还是款款地目送他踏上新的旅程? 显然, 陈景润读懂了它们。他又一次笑了, 舒朗, 温馨, 像浪漫而多情的风, 悄然落在绿韵无涯的长白山深处。

悲壮的日子

→ "不要处分他"

★★★★★

1984 年 4 月 27 日,陈景润上街去魏公村一家书店寻找近期的有关资料。平时,他是很少到大街上去的。研究所、家,是他久居之地。

混迹在茫茫人海中,陈景润极为普通、平凡。虽然,此时的陈景润已是名满天下,但走在大街上,谁也没有注意他。

是劫数,还是意外? 正当陈景润在向哥德巴赫猜想的顶峰(1+1)发起强有力冲击的时候,正当祖国和世界数学界瞩目着这位数学奇才跨出的每一个脚步的时候,北京的大街上,发生了一件本不应发生的不幸。

一位姓李的北京城建二公司的小伙子,踩着一辆自行车,正得意洋洋地从远处急驰而来。大街宽敞,坦坦荡荡,正是春光如沐的时分,小伙子把脚下的自行车当成胯下的坐骑了。他太自信自己的骑术了，以至于没有把手按在紧急刹车把上。"啊——"一声惨叫突然传来。这个愣头愣恼的小伙子低头一看，才发现他闯下大祸了，一个衣着朴素戴着眼镜的中年人，已经倒在他的车前。

车轮还在旋转。被撞倒的人却是完全昏过去了。

他吓坏了！双手颤抖着，去扶起被他撞倒的人。急促地问：

"你是谁，什么单位的？"小伙子语无伦次地问。

"我——是——陈——景——润。"他已无力说话，说完，又昏了过去。

恰似惊雷灌顶，小伙子只觉得头脑嗡嗡响，他虽是个普通的建筑工人，但"陈景润"这个名字，他是熟悉的，怎么会在大街上撞坏了陈景润呢？他怎么交代？怎么负得了这个天大的责任？他越想越后悔，越想越难过，居然当街大哭起来。

人群围住了他，一位交警皱着眉走了过来。听说撞倒了陈景润，所有人的心都揪紧了。陈景润，可是我们的国宝啊！

到了医院，陈景润头上冒虚汗，处于半昏迷状态之中。

抢救工作在紧张进行，初步确诊：后脑严重

撞伤，得了严重的脑震荡。

人们的心情十分沉重，头上缠着绷带的陈景润醒过来了，他喃喃地告诉围在一旁的人们，千万不要处分那个撞他的年轻人，他不是有意的，不是有意的。他担心人们为难别人，一再重复着他的恳求。

醒来后的陈景润，依然挂念着那位肇事者，他的心地实在是太善良了。他一直担心人们会为难他。后来，研究所的同事告诉他，主管建筑的北京市常务副市长张百发同志得知消息，亦向中科院数学所打来电话，向陈景润表示慰问。那个小伙子，已经由城建二公司派人带回去了，张百发表示：这个人随叫随到。听到这里，陈景润才放心了，并且叮嘱说："不要处分他。"这次不幸，像浓重的阴影，笼罩在人们的心头。经过一段时间治疗，陈景润出院了。他本来就多病的身体，经受这次严重损伤，犹如雪上加霜，更显得瘦弱了。他是不屈的，那双人们熟悉的眼睛，依然闪烁着坚毅的光芒。

⊙→ 小草之歌

★★★★★

没有花香，

没有树高，

我是一棵无人知道的小草。

从不寂寞，从不烦恼，

你看我的伙伴遍及天涯海角……

病中的陈景润同样十分喜欢这首歌。

祸不单行。1984 年陈景润被自行车严重撞伤以后，1985 年有一回挤公共汽车，又被拥挤的人们挤到车身底下，当场摔昏过去，住进了医院。不久，他被检查出患了世界上尚没有办法医治的帕金森氏综合征。

一次又一次的意外，严重损害了陈景润的健康。陈景润病得很重，全身僵直，手脚颤抖，吞咽困难，只有头脑还是很清醒。他时常靠在病床上，指导他的学生，或者，用生命的余力，思考着数学中的问题。令人梦牵魂绕的哥德巴赫猜想顶峰（1+1），依然强烈地呼唤着他重振雄风，冲锋陷阵。

他是中国数学界傲然挺立的大树，日本出版的《一百个有挑战性的数学问题》一书，刊登了两幅华人的像，一个是我国古代数学家祖冲之的画像，另一个就是陈景润的照片。然而，从人格、气质上看，他更像是一棵小草。

这是一个令人惊叹的真实镜头：

1996年3月8日，清晨，一位68岁的老农民季好学走进已是生命垂危的陈景润的身旁。

"景润，老季回来了！"守在一旁的李尚杰书记俯下身子，在陈景润的耳旁说道。

一直紧闭着眼睛的陈景润，忽地睁开眼，见是老季，挣扎着伸出瘦得像鸡爪状的手，拉着老季，久久不肯松开。

由昆问："老季回来了，你高兴吗？"

陈景润说话已经十分困难，还是清晰地回答："高——兴，高——兴！"

老季是安徽无为县的一个普通农民，没有什么文化，经人介绍，自1993年底开始照顾陈景润的生活。他并没有服侍过病人，但护理工作却做得十分干净、利落。

陈景润病危，老季恰巧回安徽探亲去了，陈景润一直想念着他，多次呼唤："老季，快回来，快回来！"老季从安徽日夜兼程赶回北京，陈景润从半昏迷状态中得知消息,欣慰地露出了笑容。

一个饮誉中外的数学家，一颗心系着一个极为普通的农民，并非是偶然出现的"奇迹"，而是陈景润血液中流淌的对普通劳动者的心灵息息相通之情。他歌唱小草，同样在歌唱生活，歌唱质朴而崇高的人生境界。

病中的陈景润爱唱歌，他用歌声激励自己，也用歌声安慰那些一直关心着他健康的人们。

陈景润的同事王元先生，同样是在哥德巴赫猜想研究中取得卓越成就的中国科学院院士，他看到一面和病魔拼搏一面仍在为攻克哥德巴赫猜想奋斗不息的陈景润，感动地劝说陈景润："你就放弃它（哥德巴赫猜想）吧，你所取得的成就，至少在本世纪无人能望其项背！"

陈景润摇头,缓慢、深沉而坚决地回答:"不！"
卑微的小草，就是如此坚韧，不屈！

→ 在家乡治疗

★★★★★

1991 年 10 月，陈景润应邀到福建中医学院治疗。该院成立了以俞院长为负责人的专家医疗小组，从福州各个医院，精选了最好的医生、护士，成立了一个精干的医疗班子。为了便于治疗，他们把陈景润安排在福建中医学院培训中心 209 号房间。

医疗方案是经过精心设计的。著名的针灸专家陈以权教授亲自为陈景润进行针灸。这是中医传统中的瑰宝。他针对陈景润血脉不畅经络不通的病情，反复研究每一个进针的穴位，一根根银针扎下去，已是长期失去感觉的部位，渐渐地产生了神奇的感应。

"麻么? 胀么? 有通电的感觉么? "陈教授细心地观察陈景润的反应。

陈景润点点头，脸上漾起欣喜的笑容。

神针产生奇效，第二天，陈景润讲话就

能发出声音，手脚也不那么抖了，他全身感到从未有过的舒坦。

声名远播的贝永顺医生是推拿方面的专家，他为陈景润进行推拿。一招一式，看似平常无奇，但内行人明白：贝医生那双大手，曾经唤回了多少人美好的青春，甚至生命。陈景润沉疴太久、太深，非要有移动泰山的沉雄之功，才能创造出奇迹。

不得不赞叹福建中医学院专家们非凡的回天之术，经过很短时间的治疗，陈景润的病情明显好转，他的虚汗少了，眼睛睁开了，吃东西也顺当多了。担任护理工作的是全省著名的第二医院的护士们，白衣天使犹如春风，给陈景润带来了春光明媚的花季。他的病奇迹般地出现了根本的转机。

事情的发展往往就是这样不尽如人意。假如陈景润在福建中医学院继续治疗下去，或许会产生真正的"奇迹"。他是个很守纪律的人，正当他多年的沉疴出现逐渐解除的可喜情况时，北京传来消息，有一个重要会议请他回京去参加。医疗小组曾经挽留他，但看到陈景润那种焦急的样子，只好同意他暂时回到北京。

陈景润对自己的健康向来是不大注意的，短暂时间的好转，给他造成了一个错觉，以为没什么事了。回到北京后，很快陷入繁忙的事务和数学研究之中。一次不慎，摔了一跤。这一跤摔得太重了，把胯骨跌碎了。陈景润的健康受到无法弥补的严重伤害。

1992 年 5 月，陈景润第二次回福建接受治疗。当身体极端虚弱的陈景润出现在医疗小组面前的时候，人们心里十分沉重，也感到无比的惋惜。几个女同志转过身子，偷偷地抹掉涌到眼眶的泪水。

➡ 最后时刻

★★★★★

严峻而冷酷的现实，遮没了最后一缕希望的阳光。

1996 年 1 月 17 日，陈景润的病情开始恶化。他是坚强的，面对猖獗的病魔，始终以自信和超于一般人的毅力，进行顽强的搏斗。这天下午，他想到外边走走。于是，请前来看望他的老朋友李尚杰书记和护理他的老季，一左一右携扶着他。结果，只在病房内走了两圈，他就支持不住了，手脚冰凉，脸色苍白，额上直冒虚汗，赶紧上床躺下休息。当晚，陈景润发高烧。

1月27日清晨6点20分，陈景润的呼吸和心跳突然停止。守在一旁的由昆一边采取紧急措施，一边叫来了中关村医院内科主任兼心血管科主任李惠民，他立即进行人工呼吸，大约8分钟后，陈景润才逐渐恢复心跳。这次险情，是陈景润不慎着凉，肺部患了严重炎症，连日高烧不退引起的。

下午，陈景润被紧急转往医疗条件更好的北京医院，临行前，由昆俯在陈景润的耳边，轻轻地说："我们现在转院到北京医院，路上要坚持住。"细心的医生联系到一辆设备最好的救护车，车上装备了空调机和呼吸机等现代化医疗设备。

救护车在刺骨的冷风中平稳地往前疾驶。车到北京医院附近，又一次险情出现了：陈景润的喉咙被痰液堵住，憋得脸色发青。这时，随车护送陈景润的北京卫生局医政处处长姚宏，一把推开旁人，跪在地上，毫不犹豫地将吸管一头伸进病人口腔，一头含在自己嘴里，用嘴把痰液吸了出来，病人才化险为夷。由昆激动地流下了眼泪，在场的人们也无不为之感动。

△ 微笑长留天地间

　　临近春节，陈景润的病情稍有好转。大年三十晚上，温馨的病房里，陈景润奇迹般地唱起了《我是一个兵》、《小草》等歌曲，并戴上了由昆给他配制的眼镜。陈景润还照了照镜子，连声地说："好! 好! "

　　3月中旬，陈景润的病情再次恶化，高烧不退。医院用尽了所有的抗菌素药，有的医院没有，也立即从国外进口。几经努力，查不出引起他高烧的原因。连续高烧，对他已久经沧桑的内脏造成了严重的损害。3月18日时，陈景润血压突然测不到，一度为零，并出现了心衰、休克。医生采取紧急措施，经麻醉科插管、呼吸科上呼吸机、抗休克抢救治疗后，血压恢复。

3月19日，身体极度虚弱的陈景润已处弥留状态。这天上午福建省委、省政府打来电话，代表家乡父老探询病情。中共中央组织部副部长王旭东、中共中央统战部副部长刘延东、中组部知识分子办公室副局长姚雪等赶到医院，他们转达了党中央领导同志对陈景润的关怀和对病人家属的慰问。嘱咐陈由伟"要向爸爸学习，照顾好妈妈"，并希望有关部门认真落实中央领导同志最近对改善知识分子医疗条件的指示，使我国宝贵的科技人才得到更多的爱护。

▽ 由昆和本书作者沈世豪等合影（左起：陈由伟、陈福郎、由昆、沈世豪、王依民）

陈景润微微张着嘴，已不能说话，但神志还是很清醒。由昆流着泪，大声地说："你放心，我会把孩子带大的，我会把孩子养育成人的。我说的你听见没有，听见了你的嘴唇就动一下。"

陈景润艰难地动了动嘴唇，表示他听见了。接着，由昆又向他说："你能对儿子说几句话吗？"她俯下身子，把耳朵贴在陈景润的嘴边，只听到喉咙里痰液在呼噜呼噜地响。他已经没有办法用语言表达自己的万般思绪了。

抢救仍在进行。生命最后时刻，他仍能听懂、辨别亲人的呼唤，由昆对他说："我问你的事，你同意，就伸一个手指头；不同意，伸两个手指。"他听懂了，照做。

陈景润忍受着巨大的痛苦。疾病的强烈折磨，使他意识到，告别这个世界，已经是无法改变的现实。痰液在喉，由昆问他要不要用吸痰器吸，往日都是伸出一个指头，表示要，而今天，他再也不让吸了，他伸出了两个手指。

他，拒绝了自己的生命。在各种药物均已失去作用，所有最先进的医疗设备都已无法施展它们的神奇效力的时候，善良的陈景润不愿意再拖累人们，他横下一条心，决定悄然地走了。3月19日上午，陈景润两次出现心率下降，经抢救重新维持在150/分左右。12时35分心率突降为零，心电监测示波为平线，立即于心外按压，多次三联静推，后出现室扑、室颤，先后6次除颤，均未恢复心跳。下午1时10分，陈景润溘然去世。

中国数学界的一颗巨星陨落了。他享年还不到63岁。

哀思如雨。北京，萧索的树林刚刚冒出点点绿芽，如千言万语，欲说还休。陈景润走了，走得太匆忙、太匆忙了……

后 记

不凋的鲜花

陈景润的不幸去世，牵动了全国人民的心。或许，他所享受的殊荣，在千千万万的知识分子中，是独具一格的：党和国家的有关部门按照副部长级的待遇，安排他的丧事。北京市市民细心地注意到：远送陈景润遗体的灵车车号是65444。一年以后，深受中国人民爱戴的邓小平同志不幸逝世，在举国哀思的泪雨中，人们同样看到这辆灵车，载着邓小平同志的遗体，缓缓地在数十万人的目光中，驶过长安街。陈景润的骨灰，安放在北京的八宝山革命公墓，和建国元勋以及享有崇高威望的中华俊杰永远在一起。

陈景润的遗像前，摆满了鲜花。最引人注目的，是人们用63朵洁白的玫瑰精心编织起来的花环，象征着他63年全力以赴的生命，悄然置放着。到陈景润家中灵堂来吊唁的人们，络绎不绝。从党和国家有关部门的领导人，到中国科学院数学所的同事，从远道赶来的福建乡亲，到敬仰他的中小学生和许多素不相识的人们。最令人感动的是：陈景润家的门口，经常有人送来鲜花摆放着，鲜花的缎带上恭恭敬敬地写着："献给陈老师"、"给陈老师鞠躬"。

是陈景润的学生，还是立志继承陈景润的遗志，为中国四个现代化谱写新篇的后来人？

人们把最美的鲜花送给陈景润。在中国乃至世界数学的百花园中，陈景润就是不凋的鲜花。他是"高山雪莲"、"富贵的牡丹"、"空谷幽兰"。他以令全世界数学界折服的辉煌，论证了一个伟人的预言：中国人民有自立于世界民族之林的能力。他以自己的一生，丰富和改写了中国和世界的数学史；他以不朽的业绩，树起一座在本世纪内人们无法逾越的丰碑；他攻克了哥德巴赫猜想（1+2）；他永恒的精神伟力，激励和召唤着千千万万献身于崇高科学事业的人们，去描绘世纪之交的风景线。

100位

新中国成立以来感动中国人物 /

丁晓兵　马万水　马永顺　马恒昌　马海德　中国女排五连冠群体

孔祥瑞　孔繁森　文花枝　方永刚　方红霄　毛岸英

王　杰　王　选　王　瑛　王乐义　王有德　王启民

王进喜　王顺友　邓平寿　邓建军　邓稼先　丛　飞

包起帆　史光柱　史来贺　叶　欣　甘远志　申纪兰

白芳礼　任长霞　刘文学　刘英俊　华罗庚　向秀丽

廷·巴特尔　许振超　达吾提·阿西木　邢燕子　吴大观

吴仁宝　吴天祥　吴金印　吴登云　宋鱼水　张　华

张云泉　张秉贵　张海迪　时传祥　李四光　李春燕

李桂林和陆建芬夫妇　李素芝　李梦桃　李登海　杨利伟

杨怀远　杨根思　苏　宁　谷文昌　邰丽华　邱少云

邱光华　邱娥国　陈景润　麦贤得　孟　泰　孟二冬

林　浩　林巧稚　林秀贞　欧阳海　罗映珍　罗健夫

罗盛教　草原英雄小姐妹　赵梦桃　钟南山　唐山十三农民

容国团　徐　虎　秦文贵　袁隆平　钱学森　常香玉

黄继光　彭加木　焦裕禄　蒋筑英　谢延信　韩素云

窦铁成　赖　宁　雷　锋　谭　彦　谭千秋　谭竹青

樊锦诗

图书在版编目（CIP）数据

陈景润 / 沈世豪著. -- 长春 ：吉林文史出版社，
2012.6（2024.5重印）
（100位新中国成立以来感动中国人物）
ISBN 978-7-5472-1093-2

Ⅰ. ①陈… Ⅱ. ①沈… Ⅲ. ①陈景润（1933～1996）
－生平事迹－青年读物②陈景润（1933～1996）－生平事
迹－少年读物 Ⅳ. ①K826.11-49

中国版本图书馆CIP数据核字(2012)第136130号

陈景润

CHENJINGRUN

著/ 沈世豪

选题策划/ 王尔立　责任编辑/ 王尔立 李洁华 马华 任玉茗

装帧设计/ 韩璘

出版发行/ 吉林文史出版社

地址/ 长春市福祉大路5788号　邮编/ 130118

电话/ 0431-81629363　传真/ 0431-86037589

印刷/ 天津海德伟业印务有限公司

版次/ 2012年8月第1版 2024年5月第5次印刷

开本/ 640mm×920mm　1/16

印张/ 9　字数/ 100千

书号/ ISBN 978-7-5472-1093-2

定价/ 29.80元